HANYU KOUYU CESHI
PINGFENYUAN PINGJIA YANJIU

汉语口语测试评分员评价研究

黄霆玮◎著

中国书籍出版社
China Book Press

图书在版编目（CIP）数据

汉语口语测试评分员评价研究 / 黄霆玮著. —北京：
中国书籍出版社，2020.1

ISBN 978-7-5068-7553-0

Ⅰ.①汉… Ⅱ.①黄… Ⅲ.①汉语—口语—测试—研
究 Ⅳ.①H193.2

中国版本图书馆CIP数据核字（2019）第270092号

汉语口语测试评分员评价研究

黄霆玮　著

责任编辑	王志刚
责任印制	孙马飞　马　芝
版式设计	中尚图
出版发行	中国书籍出版社
地　　址	北京市丰台区三路居路 97 号（邮编：100073）
电　　话	（010）52257143（总编室）（010）52257140（发行部）
电子邮箱	eo@chinabp.com.cn
经　　销	全国新华书店
印　　刷	河北盛世彩捷印刷有限公司
开　　本	710 毫米 × 1000 毫米　1/16
字　　数	210 千字
印　　张	14.5
版　　次	2020 年 1 月第 1 版　2020 年 1 月第 1 次印刷
书　　号	ISBN 978-7-5068-7553-0
定　　价	58.00 元

序　言

　　普通话水平测试是世界上规模最大的口语测试。在近40年的发展历程中，普通话水平测试推动了普通话推广工作的深入发展，同时也推动了口语测试的发展和研究。针对测试实践中出现的各种问题，许多研究者从不同的角度做了论述。在此过程中，普通话测试逐渐发展成为应用语言学的一个分支，在不断发展壮大。2006年，社科院成立了普通话测试方向的博士点，我开始招收普通话测试方向的研究生。

　　2008年，霆玮成功通过了社科院的博士生入学考试，成为我普通话测试方向的第二个博士研究生。博士点建立伊始，可以说是筚路蓝缕，不仅没有现成的专业书籍，甚至也没有完整的理论体系。我带领我的博士生们一边学习一边探索，出版了《普通话水平测试概论》一书。这本书搭建了普通话测试的基本理论框架，提出普通话测试有测试员、测试对象、测试依据和测试手段等四个要素。

　　当时在讨论过程中，霆玮就对普通话测试员感兴趣，她认为测试员在口语测试中的作用是决定性的，测试的其他几个要素都要通过测试员起作用。在积累了相当的资料后，她选定测试员作为自己的研究方向。我们经过数次讨论，将研究的切入点定在对测试员的评价上，希望能推动测试员的管理工作更加规范化、科学化，对各级普通话测试站的测试员培训工作有所助益。

　　霆玮硕士期间读的专业也是语言测试，有较好的测试学理论基础，也做过一些测试的实践工作，对语言测试的理论和实践都有系统的了解。她想把自己的专业特长与普通话水平测试的实际结合起来，并把研究的范围扩展到整个汉语口语测试领域，最终选定了"口语测试评分员评价"这个题目。完成这样一项任务，对于一个博士生来说并不轻松，这中间她克服了很多困难，终于如期完成了论文。

本书以霆玮的博士论文为基础，经过几年的沉淀积累，现在呈现在读者面前。在普通话水平测试研究不断深入的过程中，本书在以下几个方面推动了口语测试的研究与发展：

（1）本书将现代测量学理论运用到普通话测试中，使用项目反应理论（IRT）刻画测试员的评分误差。这是一个崭新的视角，将测试员平时不可见的评分特征展示了出来，为评价测试员的工作提供了科学依据。

（2）本书采用了问卷调查、多元统计等多种实证研究方法，为评分员改进评分工作提供了具体可行的方法，在此基础上，为评分员的评价提供了客观的依据，为评分员管理机构的决策提供了科学依据。

（3）当前语言测试领域多研究评分员评分的信度、效度等方面，本书以对评分员评价为研究对象，拓展了评分员研究的领域，丰富了测试学研究的内容。。

为人师者，如同为人父母者一样，无不期望学生成龙成凤，在自己的专业领域内有所建树。霆玮这些年一直坚持做语言测试领域的研究，这本书是一个小小的里程碑，希望她在治学的道路上能以此为新的起点，脚踏实地，取得新的更多的成绩！

姚喜双

2019年12月

目 录 ≫

图表目录

第1章 绪论

1.1 研究缘起

1.1.1 口语测试的发展

在语言测试中，口语测试是一种常见的考试类型，是测量应试人口语能力最直接的一种手段。20世纪末期，Bachmam提出了著名的"语言交际能力说"。这种语言能力观认为语言能力不仅包括对语言系统知识的掌握，还包括对句子之外语言交际环境的掌握①。基于"语言交际能力说"的语言测试体系强调测试的"真实性"和"交际性"。在这种背景下，口语测试因其符合真实性和交际性的特点，日益受到重视。

口语测试是一种主观测试。与客观测试相比较，口语测试命题简单，评分却比较困难。口语测试在真实的交际环境中进行，评分误差的来源比较多。如何控制口语评分的误差，保证口语考试的信度是主观性考试中的一个重要课题。

主观考试评分中的误差主要来源于测试任务、评分标准、评分量表和评分员等方面。测试任务、评分标准和评分量表等都是测验的开发者制订的，

---

① 陈菁：《从Bachman交际法语言测试理论模式看口译测试中的重要因素》，《中国翻译》，2002年第1期，第52页。

处于测验开发者可控制范围之内，测验开发者可以不断修改、逐步完善。而评分员是测验开发者无法把握的一个误差来源，评分员的表现可能受到各种因素的影响，是动态的、不断变化的。评分员评分是一个根据既定的评分标准和评分量表，给应试人口语能力赋值的过程。评分标准和评分量表要通过评分员才能作用于应试人。评分标准和评分量表被评分员理解、内化，最后才应用于被试。所以，评分员如何评分直接关系到口语测试的信度和效度，评分员的评分质量是测验开发者的设计思路能否实现的关键。很多研究显示，不同评分员评分的过程差异很大[①]。评分员在理解、内化评分标准时发生了什么？产生了哪些差异？如何描写这种差异？不同的评分员差异反映的本质是什么？

进而我们要讨论：这些评分员差异对评分质量有哪些影响？什么样的评分员的评分质量较高？什么样的评分员评分质量较差？我们应该如何评价一个口语测试的评分员？这就是本书要讨论的问题。

1.1.2　评分员评价体系研究现状

在主观测试领域中，对评分员的研究一直是一个热点。这些研究的角度不同，有关于评分员的评分方法的，有关于评分员的评分信度的，还有关于如何培养评分员的，但其中有关汉语口语测试评分员评价的研究不多。在我们搜集到的文献中，仅有三篇是专门研究普通话评分员考核的，与我们要探讨的评分员评价体系研究比较接近。

---

① Eckes, T.2008. Rater types in writing performance assessments: A classification approach to rater variability, *Language Testing*, 25（2）.

毛立群（2003）[①]主要探讨了普通话水平测试员考核体系的建立。文章首先从以下三个方面归纳了测试员队伍的现状：业务素质、职业道德和科研进修。在此基础上结合浙江省普通话水平测试员管理的经验，提出了建立普通话水平测试员考核体系的设想，包括以下四点：规范选拔程序，保证选送人员的质量；点面结合，使业务素质的考核尽量做到量化；工作量考核能客观反映出测试员的热情和态度；强调科研进修，确立后续培训制度。这篇文章从普通话水平测试实践管理出发，较全面地论述了普通话水平测试员考核体系的内涵。美中不足的是，这篇文章比较宏观，没有往深处挖掘考核评分员的具体指标以及考核评价对评分员的反馈效果。

钱华（2004）[②]的研究，是迄今为止有关普通话水平测试员考核体系的研究中较为全面的一篇。文章首先从测试实践出发，总结归纳了测试员考核中存在的问题，在此基础上提出构建测试员考核体系的意义和原则，其次提出了测试员综合指标体系的内容与基本框架，最后论述了考核工作的组织实施以及考核结果的运用。这篇文章的考核指标体系涉及四大方面：思想素质结构、业务素质结构、身心素质结构和绩效结构。这四个方面作为考核体系的一级指标，每个一级指标又具体细化为若干二级指标，最后呈现为26个三级指标。这些指标设定得非常全面，包含了《国家语言文字工作委员会关于普通话水平测试管理工作的若干规定（试行）》第十一条规定的普通话水平测试评分员的考核内容：工作态度、测试能力、测试工作量、遵守工作纪律情况等。同时，此研究还提出了考核的具体实施步骤。这篇研究从普通话水平测试员的测试实践出发，具有很强的参考价值，但是理论的部分还有待加强。

---

① 毛立群：《试论普通话水平测试员管理考核体系的建立》，苏培成编，《中国语文现代化学会2003年年度会议论文集》，语文出版社，2003年版，第251—258页。

② 钱华：《普通话水平测试员综合考核指标体系构建研究》，国家语言文字工作委员会普通话培训测试中心编《第二届全国普通话水平测试学术研讨会论文集》，2004年版，第81—91页。

在汉语水平考试（HSK）高等口语测试的相关研究中，专门对口语测试评分员展开的研究不多。有些研究的成果可供参考，例如：关于评分误差控制、评分员培训的研究，但还没有见到专门关于口语测试评分员评价的研究。

1.2 研究思路

1.2.1 研究目的和内容

本文以语言测试学、人力资源评价理论为指导，采取理论与实证相结合的方法，通过研究旨在揭示评分员评价的本质，提出构建汉语口语测试评分员评价体系的理论依据，确立汉语口语测试评分员评价体系的指标，设计评价方案，从理论与实践两个层面提出解决汉语口语测试评分员评价的理论体系和实施方法。

从选题视角引出口语测试、语言能力、评分员、评分员评价等基本概念，对这些口语测试中的基本概念及它们的特征做详细论述，在此基础上完成构建包括"素质、能力、绩效"为一级评价指标的评分员评价体系。对"素质"、"能力"和"绩效"的评价分别通过"考核"、"考试"和"考绩"的方式进行。三种评价体系中，对"绩效"的评价是最重要的，其他两种处于辅助地位。本文的主要研究内容包括：

（1）构建汉语口语测试评分员评价模式。阐述了建立汉语口语测试评分员评价体系的理论基础，包括建立评价体系的目的、作用、原则等。一个完整的汉语口语测试评分员评价体系包含三个部分："素质"评价体系、"绩效"评价体系和"能力"评价体系。在这三个方面中，"素质"和"能力"主要是用来衡量评分员的内在价值，"绩效"主要是衡量评分员的外在价值，也就是评分员创造的价值。内在价值能够转化为外在价值，所以在三个一级指标中，"绩效"指标是最直接和最主要的。我们认为，这三个方面较全面地代表了评分员的日常工作表现，是一个具有实际应用价值的理论框架。

（2）构建评分员"绩效"评价模式。对评分员"绩效"的评价主要反映在对评分员评分质量的评价上。评分员的任务很多，特别是普通话水平测试（PSC）的评分员还有推广普通话等其他任务。不同口语测试中，评分员承担的任务不同，但其主要任务是为应试人评分。评分质量的高低关系着口语测试的信度和效度。本文为了量化评分员的评分质量，构建了以严厉度、一致性为指标的"绩效"评价体系。这个体系在理论上能够反映评分员评分结果和应试人能力的差别，可以用来评价评分员的评分质量。

（3）应用评分员"绩效"评价模式进行实证研究。本部分将使用现代测量理论尝试量化评分员的评分质量，为评价评分员提供测量学方面的理论支持。本部分的另一个贡献是对量化结果进行了有效性检验，检验结果显示严厉度和一致性作为评价指标可以反映评分员的评分质量。

1.2.2 研究方法

理论与实证研究相结合的研究方法是本文研究最基本的研究方法。具体来讲，本文使用的主要研究方法有：

（1）文献法。为完成本项研究，我们搜集了数百篇有关汉语口语测试、评价体系的学术论文，穷尽性地收集了关于普通话水平测试（PSC）和汉语水平考试（HSK）的学术论文，其中包括数十篇硕博士论文。除此之外，笔者还认真研读了语言测试方面的中外文专著。通过阅读文献，掌握了进行评分员评价的理论和方法，为完成论文打下了良好的基础。

（2）分析法。在占有大量文献资料的基础上，"去粗取精、去伪存真、由此及彼、由表及里"，对文献资料的内部逻辑关系进行深入分析。

A.对比总结。对比分析是本研究中使用的重要方法之一。口语测试的种类很多，我们选择了几种有代表性的测试，有的是外语口语测试，有的是汉语口语测试。在和其他口语测试对比的基础上，我们得出了汉语口语测试的特点，即对评分员的要求是全面的。在分析评分员的特点时，我们也使用了这种方法。通过和科研人员、高校管理人员等的对比，发现了汉语口语测试评分员具有"双重性"特点。

B.归纳演绎。归纳由个别走向一般，演绎由一般走向个别。本文运用归纳与演绎相结合的方法，提出了汉语口语测试评分员评分质量的指标，对汉语口语测试评分员评分质量指标的有效性进行了检验。

（3）问卷调查。本研究在研究口语测试中评分员内化评分标准类型时，使用了问卷调查的方式，共向90位评分员发放了调查问卷，回收82份。问卷调查是现代社会科学研究中最常用的资料收集方法，使用问卷可以了解人的态度。问卷调查结果为解释评分员评分差异提供了宝贵信息。

（4）实验法。在当今时代，实验方法已经不再是自然科学的专属方法了。对某种行为或现象进行研究，对其做出解释、预测和控制，只能通过实验。本研究中设计了评分员为共同应试人评分的实验，收集到了宝贵的一手数据，这些数据是完成此次研究的基础保障。

（5）聚类分析等多元统计方法。本项研究对数据进行分析时，我们使用了聚类分析（cluster analysis）这种多元变量统计方法，对评分员的内化评分标准进行归类研究。聚类分析实质上是一种分类技术，而分类是人类认识事物的最基本方法之一。聚类分析和以往分类技术不同的是依靠科学的定量方法进行分类，是一种精确可靠的方法。除此而外，本项研究还应用了相关分析等其他统计方法。

（6）多面Rasch模型。多面Rasch模型是一个功能强大的项目反应理论模型，它可以将主观测试中来自应试人、评分员、口语测试任务等多个方面的变异分解，是目前主观评分研究中使用最多的模型。本研究应用此模型量化了评分员的严厉度和一致性，评价了应试人的口语能力。这是本研究使用的最重要的研究方法之一。

1.3 研究意义

1.3.1 理论意义

对主观测试评分的研究中，考查主观测试的信度、效度至关重要，所以一直是语言测试领域研究的重点和热点。而评分员的评分质量直接关系着整个测试的信度和效度。随着现代测量理论以及认知科学的发展，我们现在有条件对主观考试中评分员的评分差异作量化分析。本研究将借鉴现有的关于评分员差异的研究成果，提出汉语口语测试中评价评分员的理论框架，之后使用PSC和HSK的口试数据，对汉语口语测试评分员评价体系进行验证，最终总结出适合汉语口语测试的评分员评价体系。本研究具有以下方面的理论和方法意义：

（1）本研究对于主观测试中如何进行评分员评价作理论研究，有助于该理论领域研究的发展和拓宽。由于对评分员的评价是一个实用型课题，加上口语测试收集材料非常困难，以往对此领域的研究不多，更没有系统的研究。本研究对汉语口语测试领域已有的有关评分员评价的研究做了系统的梳理和总结，回答了该领域的若干理论问题，推动了这个领域的纵深发展。

（2）本文构建了一个理论与操作并重的评价体系。以往的评价体系多是一些评分员的经验性总结，提出的评价指标虽全面但很难应用到实践中。本文构建的评分员评价体系吸收了相关领域的研究成果，应用现代测量理论技术，具有坚实的理论基础和很强的操作性。

（3）本研究提出以严厉度和一致性刻画评分员评分质量的指标。为评分员评分质量的评价提供了一个具有操作性的简便方法，并检验了此方法在汉语口语测试评分员评价中的有效性。

（4）本研究首次将多面RASCH模型应用于普通话水平测试（PSC）的评分研究，为多面RASCH模型提供了汉语口语测试方面的实证性材料。新研究方法的适用性需要经过检验，本研究验证了多面RASCH模型和汉语口语测试的拟合程度，为该模型的发展完善积累了第一手实证资料。

（5）本研究对其他主观测试中评分员评价的研究有理论和方法上的参考价值。

1.3.2 实践意义

普通话水平测试，是国内迄今为止唯一的一项针对母语者的大规模汉语口语测试。从1994年PSC研发成功以来，参加测试的人数不断攀升，评分员队伍也不断扩大。目前已有50000余人。评分员队伍遍布全国，大部分为兼职人员，其中很多是教师[①]。PSC评分员分为省级评分员和国家级评分员，都执行持证上岗制度，每位评分员都要通过资格审核和一定的考核才能获得评分员证书。《普通话水平测试管理规定》对省级和国家级评分员的申请资格做了明确规定，并且规定各级测试机构定期考查评分员的业务能力和工作表现，并给予奖惩。根据相关统计，评分员所学专业属于"中国语言文学类"的学员约占总数的64.62%，其他评分员还有新闻传播学、艺术、哲学、理学、工

---

① 姚喜双：《推普工作的重要抓手——谈依法推进的普通话水平测试》，《语言文字应用》，2010年第3期，第29页。

学等专业背景的。[①]在评价这些背景各异的评分员的工作表现时，各省主要使用的还是专家抽查的方式。

除普通话水平测试外，业界较有影响的汉语口语测试还有汉语水平考试，简称HSK。我国实行"汉语国际推广"战略以来，世界各地掀起了持续的"汉语热"，我国对外汉语教学的规模不断扩大，汉语作为第二语言的语言测试也得到了长足发展。原来HSK系列考试中只有高等考试有口试部分，现在新开发的HSK（改进版）初级、中级和高级三个级别的考试都有口试部分。2007年新近推出的实用汉语水平认定考试（简称C.TEST）口语面试，采用面试方式评价应试人的口语水平。HSK系列考试选拔评分员主要是依据的是评分员的专业背景，评分员主要是对外汉语教师和相关专业的在读研究生，具有一定的流动性。研究生评分员毕业后不再参加评分工作，所以每次都有新的评分员加入，只有部分教师评分员比较稳定，几年来一直参与评分工作。对评分员的培训方式主要是每次评分之前集中学习评分标准、讲评各个等级的标杆卷、对选定考生进行试评及讨论。

综上所述，不论PSC还是HSK，评分员大多都是兼职的，具有非专职化、松散型等特点，因而不容易十分全面地进行考核评定[②]。评分员在口语测试中的作用至关重要，如何评价一个评分员是否称职，如何对评分员进行管理，是测试实践中面对的重大问题。

本研究使用现代测量理论分析评分员在评分过程中的误差来源，为评价评分员构建了一个理论体系，从而为评分员的选拔和管理提供统计上的参考依据，这是本文最大的实践意义。

---

① 陈茜：《国家级普通话水平评分员队伍的培训与发展——第37—43期国家级普通话水平评分员资格考核培训班学员情况分析与思考》，《语言文字应用》，2007年第4期，第117页。

② 钱华：《普通话水平评分员综合考核指标体系构建研究》，国家语委普通话培训测试中心编《第二届全国普通话水平测试学术研讨会论文集》，商务印书馆，2006年版，第82页。

其次，有利于评分员队伍建设和提高评分员的评分质量。对评分员的评价是对其评分活动的一个反馈，根据评价结果，评分员可以知道自己的测评水平。对评分员的评价也是对其评分工作的一个督促，使得评分员能不断学习、提高自己的测评能力。

再次，评价评分员的结果可以作为进行分数调整的依据。很多研究证明，对评分员的培训效果只是暂时的，评分员不可能通过培训完全改变他自身固有的评分过程。如果要使评分员的评分质量提高，进行分数调整或许是更加可行的办法，调整时，严厉度和一致性指标可以作为分数调整的根据。

最后，有利于测试机构对汉语口语测试的评分员进行管理。本研究的成果可用于对评分员的选拔考核上，一方面可以促使评分员更好地完成测评任务；另一方面也提高了测试机构对评分员的管理效率，使测试机构对评分员的管理具有明确的目标和方向。在实际的汉语口语测试实践中，评分员培训是一个非常重要的方面。本研究的成果可为如何更有效地进行评分员培训提供可行性建议。使用本研究的方法评价评分员，可以得到一份关于评分员的诊断性评价，从而为评分员的后续培训指明方向。

第2章　口语测试及其评分员

2.1　引言

口语测试是一种重要的语言测试形式，近年来随着交际语言测试的兴起，口语测试发展迅速。由于口语的一些固有特点，对口语测试的研究仍然还很薄弱。本章主要阐述口语测试领域的若干基本理论问题、勾勒出口语测试发展的概况。同时，本章介绍了一些有代表性的口语测试以及这些口语测试的评分员情况。

2.2　口语和口语测试

2.2.1　口语的定义

人们提到口语，通常是和"书面语"相对而言的。口语是人们口头交际时使用的语言，书面语是人们在书写和阅读文章时使用的语言。

口语是第一性的，书面语是第二性的。口语是最早被人类使用的语言，书面语的出现晚于口语，书面语是在口语的基础上产生的。所有的人类语言都有口语，书面语是文字出现后才出现的，但并不是所有的语言都有书面语。

书面语和口语一起构成了有文字语言的全貌[①]。在很长时间里，传统语言学更重视书面语，而忽视口语。学者们热衷于研究文献，忽视了日常生活中的普通用语。德·索绪尔指出：语言学的研究对象不是书写的词和口说的词的结合，而是由后者单独构成的。但是书写的词常跟它所表现的口说的词紧密混在一起，结果篡夺了主要的作用。[②]这种看法强调了口语的第一性，认为书面语是附属于口语的。书面语虽然是口语的记录，但远不是口语的忠实记录，书面语和口语在一定程度上是有差别的。书面语是在口语基础上发展而来的，书面语发展到一定程度也会影响口语，会对口语的发展变化起到一定的规范作用。书面语还会发展出书面语独有的词汇和语法格式。书面语和口语共同构成了我们的语言。

普通语言学中的书面语和口语是语体范畴上的一对概念，而本研究"汉语口语测试"中的"口语"实际是指"口头语言"。

"口头语言"不等于一般意义上的口语，前者区别于"书面语言"，是语用范畴的一个概念，而后者区别于"书面语"，属于语体范畴的概念[③]。口头表达的语言包含口头话语，也包含用口头形式表达的书面语。经常有人把这两对概念混淆，从而归纳出口语具有不规范性、易变性的特点。例如有的论著把不规范性，包括多语病、多废话、重复、省略、停顿、啰唆等视为口语的特点，这些不规范的现象是"口头语言"容易出现的问题，是口头语言中的"超语言剩余成分"[④]，而不是口语和书面语对比的特点。书面语中也有类似的

---

① 李明：《口语、书面语在普通话语言学中的几个问题》，《苏州大学学报》，1985年第2期，第90页。

② [瑞] 德·索绪尔：《普通话语言学教程》，商务印书馆，1980年版，第47页。

③ 赵金铭：《对外汉语教学概论》，商务印书馆，2010年版，第136页。

④ 李明：《口语、书面语在普通话语言学中的几个问题》，《苏州大学学报》，1985年第2期，第89页。

问题，例如小学生或文化水平不高的人写的文章中也可能有语病、废话等冗余现象。

口头语言进一步细分还可以分为对话、独白、讨论、演讲等几个类别[①]。和书面语言相比较，口头语言呈现出以下这些特点：

口头语言具有暂时性特征。口头语言通过声音媒介传播，声音传播的过程稍纵即逝，如果我们没有把声音录下来，口头语言很快就消失了。而书面语言保存的时间就长多了，只要存储介质没有被销毁，书面语言可以被反复阅读。

口头语言比较简单，欠缺规范性。口头语言的词汇比较简单，句式结构也不完整，用于人们口头交际，用词范围较窄，一些非常正式的、书面的词一般不会出现在口头语言中，例如"璀璨""皓白""拜谒"等词在口头语言中很少出现。口头语言很多时候都是即兴发挥的，句式结构随着说话人思维的变化会出现停顿、重复和省略等现象，句式结构通常不完整，而且在口头语言中使用复杂句式的情况不多，人们常常使用短句。而书面语言是人们经过深思熟虑写成的，内容的逻辑性、结构的完整性都比口头语言强。

口头语言更依赖于交际语境。使用口头语言时，交际双方都同时出现在现场，他们可能会使用一些非语言的交际手段，比如说手势、眼神等身体语言或者通过音量的高低、语速的快慢等表达意义。在书面语言中则没有这些交流方式。

使用口头语言交际的过程大多是双向的，书面语言大多是单向的。口头语言交际的过程需要对方的反馈和回应来维持交际继续进行，而书面语言是一个独立的单向交际过程，展现的是个人的论述、描写能力。

汉语口语是普通话的口头表达形式，应该包括对话、辩论、独白、演讲

---

① 彭昌柳：《口语和书面语的差异》，《广西教育学院学报》，2007年第4期，第126页。

等多种项目[①]。汉语口语测试中的"口语"是"口头语言",不是和"书面语"对立的"口语"语体。

2.2.2 口语测试

口语测试是通过应试人的口头语言表现来量化应试人语言能力的测量活动。

口语测试大都采用主观评分方式,即通过评分员来评价应试人的口语水平。口语测试采用客观评分方法的不多,这主要是由口语能力的特殊性决定的。口语能力是一种实际交际情境中使用语言的能力。如果考查应试人篇章层面的口语能力,采用的题型多是"命题说话"或"讨论",当测查低于篇章能力的口语能力时,多采用的是"复述""朗读短文"等题型。不同题型的评分方法不同,复述、朗读等题型可以使用客观评分方法,其他口语测试则采取主观评分的方式,即由评分员评定应试人的口语表现。

在口语测试中,评分员和应试人是测试活动的两个主要因素,构成了测试活动的主体和客体。

除测试活动的主、客体之外,由于应试人的口头语言具有暂时性、不规范性、依赖性和交际性等特征,测试活动中还需要口试试卷、评分标准、录音设备等测试设施和测试依据。

口头语言具有交际性的特点,试卷就是测试开发者和应试人交流的一个媒介。试卷在测试中的一个作用是导出应试人口头语言,让应试人有话可说。试卷是测试开发者意图的体现,保证了口语测试中应试人的口头语言过程是双向交际的,是和应试人日常生活中口语交际的情况接近的。口语测试的目的是评价应试人在实际生活中使用口语的能力。应试人在测试时说的语言是

---

① 王若江:《对汉语口语课的反思》,《汉语学习》,1999年第2期,第41页。

评价的一个样本，这个样本越接近应试人的实际交际状况越好。在现有的口语测试中，除了试卷作为导出应试人日常口语表现的工具以外，还有的测试采用评分员和应试人对话或者应试人之间互相对话的形式，来对应试人的口语样本取样。

应试人的口头语言具有不规范的特点。每个应试人的口语不规范程度不同。如果应试人口头语言的不规范程度在可接受范围内，应试人能获得一个较好的分数；如果应试人口语不规范的程度很高，那么应试人的分数就比较低。判断应试人口头语言规范程度的标准就是口语测试的评分标准，评分标准是评价应试人语言是否规范的参照标准。不同口语测试的评分标准不同，评分标准反映测验开发者的设计意图、测验的目的，还体现了开发者对什么是口语能力的理解。口语测试中的评分员是判断应试人语言是否规范的主体，评分员依据评分标准对应试人进行评分。

口头语言转瞬即逝，具有暂时性的特点。口语测试中一般都有录音设备、有的还有录像设备，为的是保存应试人的语言样本。一来当应试人的成绩难以判定或存在争议时，录音录像资料可以用来复评，二来录音、录像样本可以留存作为研究资料。

口头语言还具有依赖性特点。口头语言都依赖于一定的交际环境，说话人除了使用语言之外，还可以使用非语言交际手段，例如手势、眼神、表情等都能表情达意。有的口语测试，评分员和应试人面对面交流并为应试人评分，有的口语测试中评分员不和应试人交流，只给应试人评分。在采用录音方式的口语测试中，评分员甚至不出现在测试现场，应试人通过人机交流方式完成口语测试任务。在口语测试活动中，我们要测量的是应试人的语言交际能力，而不是非语言的交际手段，所以评分员在评分过程中，要辨别非语言交际手段，排除非语言交际手段的干扰。录音方式的口语测试完全规避了交际中的非语言交际手段，在这种测试环境中，应试人没有实际的交际对象，试卷和录音设备成为测试活动中必不可少的要素。试卷是测验开发者和应试人交际的媒介，测验开发者通过试卷向应试人传达考试指令，布置测试任务。录音设备是评分员和应试人交际的媒介，评分员通过录音设备为应试人的口语样本打分。

综上所述，口语测试活动是一项复杂的活动，是由多种因素共同构成的。评分员是测试活动的主体，应试人是测试活动的客体，试卷、评分标准等是测试活动开展的依据。口语测试活动是多种因素共同运动作用构成的。

2.2.3　语言能力

对语言能力的研究是语言测验领域的重中之重[①]。语言能力是语言测试研究中最基础、最重要的问题之一。语言测试是测量人的语言能力的活动，一个测试活动首先应该搞清楚的就是自己的测量对象。这个测量对象是什么，有什么特点。之后测验开发者考虑可以采用什么方法测量。如果对测量对象——语言能力的定义有问题，测量过程再复杂、再科学也是无效的，也就是说，是缺乏效度的。

在语言测试领域，对语言能力的研究大致可分为三个时期：技能—成分说阶段、一元化阶段、交际能力模型的建立阶段[②]。

技能—成分说阶段指的是20世纪50—60年代，这一时期的代表人物是Lado和Carroll。Lado在1961年发表了《语言测试：外语测验的开发与使用》（*Language Testing：The Construction and Use of Foreign Language Tests*）一书，

----

① 王佶旻：《国外语言测验领域对语言能力的研究概况》，见谢小庆、鲁新民主编《考试研究文集（第1辑）》，经济科学出版社，2002年版，第234页。
② 王佶旻：《国外语言测验领域对语言能力的研究概况》，见谢小庆、鲁新民主编《考试研究文集（第1辑）》，经济科学出版社，2002年版，第234页。

标志着语言测验成为一门独立学科。而Carroll则是大名鼎鼎的TOEFL考试的主要创始人之一。技能—成分说的提出受到了结构主义语言学和行为主义心理学的影响。结构主义语言学关注语言本身，不关注与语言相关的社会因素和心理因素。行为主义心理学倡导刺激—反应理论，为技能—成分说在语言学习提供了理论支持。这一阶段认为语言能力涉及两个层面：成分和技能。成分是指语音、语调、重音、语素、词汇以及词汇的有意义的排列。这些成分在人们习得语言时，发展并不均衡，有的习得速度快，有的慢一些，这些成分在语言测试中可以单独被测量。在实际语言运用中，这些成分并不是孤立的，而是互相组合在一起，共同构成语言的四个技能：听、说、读、写，这些技能和语言成分一起构成了语言测验测量的对象，具体如表2.1所示。在此种理论模型基础上的语言测验形式多是分立式测验，将语言能力分为听、说、读、写四种分测验测量，强调测验的客观性，题型多为多项选择题，评分也使用机器评分。这种测验模式不注重语言成分和技能之间的关系，没有解释不同的语言技能是否仅仅是知识成分在不同模式（mode）和渠道（channel）中的表现形式，抑或它们之间在其他方面存在本质区别[①]。最重要的是，这种语言能力说忽略了语言的使用环境，只研究语言能力本身。

表2.1　技能——成分说的语言能力

语言技能	语言成分			
	音位/拼写	形态学	句法	词汇
听力能力				
口语能力				
阅读				
写作				

[①]　王佶旻：《国外语言测验领域对语言能力的研究概况》，见谢小庆、鲁新民主编《考试研究文集（第1辑）》，经济科学出版社，2002年版，第238页。

在技能—成分说阶段，很多对语言能力的研究结果并不支持这一模型。来自语言测验领域的研究表明，语言能力并不能分成几种不同的技能，分立式测验之间的相关低于分立式测验和综合式测验的相关，有些分立式测验和综合式测验的相关甚至高于两个测量同一语言成分分测验之间的相关。分立式测验和综合式测验的高相关，使人不禁想到，这两者所测的可能是同一个东西①。

在这种情况下，Oller提出了自己的"语言能力一元化"假说，掀起了一场革命来反对技能—成分说。Oller认为把语言能力分析成语言成分和语言技能的结合是不正确的，Oller的观点非常简单：语言能力根本没有结构，而是一个单一的不可再分的能力②。Oller在此假说基础上进行了实证研究，以美国加州大学洛杉矶分校的英语分班考试为研究对象，主要使用因素分析方法，希望发现语言能力的构成成分有哪些。使用因素分析的结果显示，语言能力难以分解，只能抽取出一个主因素，这个结果显然是支持"语言能力一元化"假说的。在此基础上Oller提出了理想的测验模式，即语用测验（pragmatic test），这种测验模式和分立式测验完全不同，强调语言使用中语境的作用。语用测验包括听写、综合填空、问答、口头面试、作文、叙述和翻译等③。Oller的语用测验即我们所说的综合式测验。1975年，Spolsky在主持TOEFL测验时，发现分立式测验不仅操作复杂，而且多使用多项选择题，使得语言测试变得很零碎，于是他提出了一般语言能力（overall proficiency）的概念。这里的一般语言能力与Oller的单一能力假说都认为语言能力是一种单一能力，

---

① 张凯：《语言能力问题在语言测验中的变迁》，《汉语学报》，2000年上卷第1期，第155页。

② 王佶旻：《国外语言测验领域对语言能力的研究概况》，见谢小庆、鲁新民主编《考试研究文集（第1辑）》，经济科学出版社，2002年版，第239页。

③ 王佶旻：《国外语言测验领域对语言能力的研究概况》，见谢小庆、鲁新民主编《考试研究文集（第1辑）》，经济科学出版社，2002年版，第241页。

不可再分。整个20世纪70—80年代，是"语言能力一元化"假说占主导地位的阶段。这种语言能力观强调了语言的不可分和语言使用情境的重要性，在此基础上开发的语言测验是对语言综合能力的考查，更接近语言使用的实际情况。Oller的"语言能力一元化"假说可用下图表示：

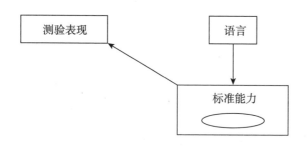

图2.1　"语言能力一元化"模型

Oller从批判技能—成分说出发建立了自己的理论，同样他的研究也受到了诟病。20世纪80年代很多研究指责Oller使用的因素分析法是得出"语言能力一元化"观点的主要原因。尤其值得注意的是，反对者的意见中有人认为Oller使用的测验过于单一，而且没有口语测试，导致了研究结果只能得到一个主因素。还有人认为"语言能力一元化"假说是对研究对象不加分析和研究的结果，对我们认识语言能力并没有什么实质的帮助。Oller的语言能力模型简单明了，但缺乏对模型的详细描述和解释，对实际的语言教学和研究没有指导作用。虽然提到了语言能力的使用情境，但没有从社会语言学的高度审视情境对于语言能力的重要性。

"语言能力一元化"假说以及后来出现乔姆斯基的语言能力观都未能为语言教学和测试提供有效的帮助，学者们提出了新的理论构想。美国社会语言学家Hymes提出了交际能力（communicative competence），他认为交际能力包括两方面的内容：一是语法性，即合乎语法；二是可接受性，即在文化上的可行性，在情境中的得体性和现实性①。这一理论引发了语言测验领域对语言交际能力的研究，Canale和Swain于1980年提出了一个既具有语言学基础又符合教学实际的交际能力理论框架。该框架的主要内容是交际能力至少包括知识与技能的四个方面:语法能力（词汇、形态、句法和音位）、社会语言学能力（社会文化规则和话语规则）、成段话语能力［衔接（cohesion）和连贯（coherence）］以及策略能力（交际过程中的应变能力）②。

　　进入20世纪90年代，语言测验领域中的一个大事件是Bachman语言交际能力模型的提出。1990年，Bachman在Canale和Swain相关研究的基础上提出了新的"语言交际能力模型"（Communicative Language Ability，简称CLA）。他认为，语言能力就是把语言知识和语言使用的场景特征结合起来，创造并解释意义的能力。这实际上指的就是语言交际能力，它包括语言能力（language competence）、策略能力（strategic competence）和心理生理运动机制（psychophysiological mechanism）三部分③。其中语言能力由一些特定的知识构成，人们进行交际时会用到这些语言知识。同时使用语言进行交际的过程还要用到策略能力和心理、生理运动机制。策略能力是一种智力上的能力，它的作用是使语言能力各要素和上下文情境联系起来，语言的应用正是在这样的情境中发生的，这些手段还可以使语言知识和语言使用者的知识结构联系起来。心理生理运动机制指的是一些神经和心理过程，这些过程在语言的应用中表现为一些物理现象（声和光）。④。Bachman提出的语言能力的模型可用下图表示，从中可以看出在此模型中策略能力居于中心位置。

---

① 王佶旻:《国外语言测验领域对语言能力的研究概况》，见谢小庆、鲁新民主编《考试研究文集（第1辑）》，经济科学出版社，2002年版，第243页。

② 李传益:《语言能力观对语言测试的影响》，《咸宁学院学报》，2009年第5期，第75页。

③ 李传益:《语言能力观对语言测试的影响》，《咸宁学院学报》，2009年第5期，第75页。

④ 张凯:《语言能力问题在语言测验中的变迁》，《汉语学报》，2000年第1期，第158页。

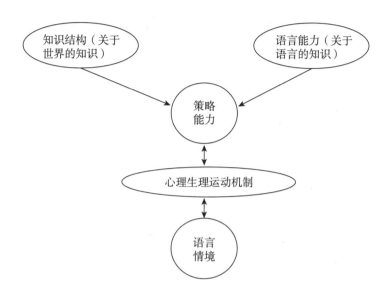

图2.2　Bachman的语言能力交际模型

在此之前，策略能力从未作为语言能力结构的组成部分出现过。即使在语言能力交际模型中，策略能力的角色也更像一种智力层面的能力。Bachman把策略能力置于中心位置，策略能力统一语言能力和知识结构，作用于心理生理运动机制后语言才被应用到情境中。语言能力在整个模型中的位置不再处于中心，语言能力变成了能力模型的一个下位能力。

Bachman对语言能力内部的结构做如下设想，如图2.3所示。通过图2.3可以看到，技能—成分说模型中的语言要素成分和语言技能被归结为语法能力，在Bachman的整个语言能力模型中只占很小一部分。语言能力一体化模型强调的语用，类似此模型中的篇章能力和社会语言学能力。在此语言交际能力模型中，还有"以言行事能力"，这在之前关于语言能力的模型中从未出现过。"以言行事能力"包括概念功能、操纵功能、启发功能和想象功能，其中概念功能和想象功能用于表达并扩展我们自己的想法，操纵功能和启发功能实现我们对周围环境的影响并扩展我们对周围环境的认识。这种能力是一种扩大了的情境中的语言交际能力，和之前的两类模型相比较真正强调了语言的交际作用。社会语言学能力中包含的各项子能力保证了我们说话时的得体性，即在恰当的交际环境中，甚至是恰当的文化环境中说出得体的话。由此我们看出语言能力不再是一种单纯局限于语言知识的能力，而是恰当使用语言的能力。

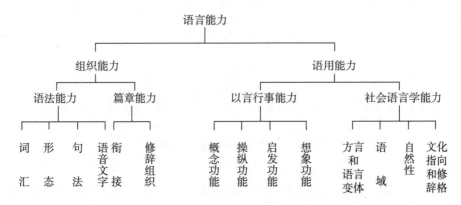

图2.3　Bachman的语言能力结构

Bachman提出的这个模型被看作是语言测验中"语言能力研究的集大成者"，也有人称之为"语言测试史上的里程碑"。这个模型内容非常详尽，既包括了语言成分和技能，也包括了社会语言学的最新成果，强调正确使用语言的能力。除此而外，语言能力交际模型还经过了实证研究检验，Bachman采用多特质——多方法矩阵（MTMM）验证了此交际模型，结果显示此模型具有合理性[①]。

在此模型之后还有很多研究者沿着Bachman的思路继续发展、修订语言能力交际模型，这个模型影响了整个90年代语言能力领域的研究。对于语言

① Bachman, L.F. & Palmer, A. S.,1982. "The construct validation of some components of communicative proficiency", *TESOL Quarterly*, 16（4）.

教学和语言测试都有重大意义。在语言教学中，语言能力交际模型强调交际环境中使用语言的能力，把策略能力作为整个语言能力的中心，使得教学上更注重学生正确使用语言的能力，而不单纯局限于学习语言知识。交际法语言测试理论认为语言测试应是多重组合（multi-componential）的[①]，测试应同时对应试人在交际前提下的语言知识和语言技能进行测试。在这种模型理论基础上开发的语言测验，要考查的是应试人在各种语境中恰当使用语言的能力，从而彻底告别了分立式语言测验对语言能力的零散拆解和"语言能力一体化"时期的"黑箱式"语言能力观。Bachman的语言能力交际模型意味着要把涉及语言能力的各方面能力和在一起加以测试，由此引起了语言测试领域交际性语言测试的兴起。

在诸多语言测验形式中，口语测试的形式最接近语言交际实际，能够满足交际性测试的要求，体现了语言能力交际模型的特点。

口语测试强调语言交际功能，而不是语言的形式和结构。早期的口语测试采取间接测试的方式，虽然测试口语能力水平，但仍采用纸笔测验的方式。考查应试人的口语水平，就让应试人写出相应单词的读音。1913年现代教师协会（Association of Modern Language Teachers）就编制过这样的测验[②]。现在的汉语口语测验，全部采用直接测试方式。普通话水平测试和汉语水平考试（高等）中的都设有"命题说话"测试项，和间接测试相比较，"命题说话"这种直接测试方式更能体现语言的交际功能。一些新型的口语测试也已经出现，这些考试采用人际对话的方式，有的是评分员和应试人对话，有的是一组应试人之间对话、由评分员在一旁评分成绩。国内这类口语考试的代表有：

---

① Bachman, L.F., 1998. *Interfaces between Second Language Acquisition and Language Testing Research*. Cambridge: Cambridge University Press.

② 王佶旻：《外语口语测验的历史发展综述》，《中国考试》，2010年第3期，第51页。

实用汉语水平考试（C.TEST）口试，大学英语四、六级口语考试等。

口语测试的测试内容包含语言知识，但更注重对语言行为的测试。语言知识是进行言语交际不可或缺的一部分，语言行为是语言能力的外在表现形式。口语测试以测试交际能力为目的，既测试应试人的语言知识水平，也测试应试人的语言行为，以测试语言行为为主。普通话水平测试的"读单音节词""读多音节词语""朗读短文"几个测试项中包含测试语言知识的目的，应试人要在这些测试项目上得分，必须首先认识这个词，否则即使他能发出这个词的正确读音，也不能得分。汉语水平考试（高等）口试中也有"朗读短文"项。不论以上哪种口语考试，最重要的部分都是"命题说话"项，"命题说话"项是对应试人语言行为的抽样，可反映语言交际能力。

口语测试材料追求真实且具有代表性，要求能够代表在日常生活中进行交际时的语言样本。Bachman认为，测验的真实性和测验的可推广性联系紧密，对真实性的论证和研究可作为效度验证的一个方面。汉语口语测试中使用的语料，来源于真实的语言材料，是从日常生活交际中精选出来的。普通话水平测试中"命题说话"项给定的题目贴近日常生活，例如："我最喜欢的一本书""我的业余爱好"等，这些题目在日常生活中会经常遇到。汉语水平考试（高等）口试命题说话题目可分为两大类：一类是给定题目，类似普通话水平测试的题目；一类是给定交际情境，由应试人自由发挥说话内容，例如：某公司很久以来，一直对白天开灯、下班不切断电源或不双面用纸等浪费资源的现象及相关责任人进行较高数额的罚款。请你评论一下这种做法。[①]

题目给定的交际情境在日常的语言行为中经常遇到，和前一类口语测试题目相比较，这种给定情境更接近实际的语言交际行为，在当前的各种口语

---

① 北京语言大学汉语水平考试中心：《汉语水平考试HSK（高等）真题及分析》，世界图书出版公司，2011年版，第26页。

测试中应用较多。

　　口语测试注重听、说、读等多种言语技能在语篇层次上的综合运用能力。和知识—技能阶段不同，口语测试将多种语言技能综合起来考查。应试人参加考试时，要听评分员的指令，读试卷上的文章、说出自己想说的话。第二语言学习者在低水平阶段掌握的词汇、语法等知识有限，尚不具备语篇表达能力。除了针对低水平阶段学习者的口语测试以外，现有的口语测试都包含考查应试人的成段表达能力。

　　和其他测试类型相比较，口试更符合交际语言测试的各项要求。语言测试经历了一个从测试"知识—技能"再到测试实际运用语言能力的转变过程。有人认为交际语言测试代表了未来语言测试的发展方向[①]，但这并不代表交际语言测试代表对以往语言测试形式的否定。

　　口语测试是对应试人交际能力的测量。各种语言能力模型中，关于口语能力模型的研究起步较晚，直到20世纪70年代，人们才开始关注口语能力是什么这个问题。Bachman总结定义口语能力的方法主要有两种：一是现实法（real-life approach），一是成分法（interactional/ability approach）。他认为这两种方法并不互相排斥，而是可以互相结合的。有的口语测试定义口语能力时两种方法都有应用[②]。现实法是指定口语测试中应试人应会的言语范围和领域，测试的开发者认为，能在此领域中进行有效交际就代表应试人具备了某种口语能力。成分法则把能力定义为各种子能力，研究者们提出了各种子能力构

----

　　① 陈纪梁：《试论交际语言测试的理论模式及主要特征》，《四川外国语学院学报》，2001年第4期，第83页。

　　② Bachman, L. F., 1990, *Fundamental Considerations in Language Testing*, Oxford University Press, 327.

成模型，在汉语口语测试领域，王佶旻（2008）[①]研究了汉语作为第二语言的初学者的口语能力模型，提出了构成此能力的子能力模型。一般认为成分法适用于构建低水平二语习得者口语能力，现实法更适用于构建母语者和高水平二语习得者的口语能力。

2.3 口语测试实践

口语测试和其他测试相比较，具有较高的测试效度且更符合交际性的要求。随着人们对语言能力问题认识的深入，口语测试越来越受重视。第二次世界大战期间，由于军队需要筛选外语人才，口语测试得到了迅速发展。战后，口语测试从军事领域转移到教育领域，并得到了进一步的发展。

2.3.1 国外口语测试发展概况

英国剑桥大学考试委员会（University of Cambridge Local Examination Syndicate）早在1913年开发的英语第一证书考试（Certificate of Proficiency in English）中，就已经有了专门的口语测试。1930年美国第一个真正意义上的口语测试诞生，即美国大学委员会英语能力考试（The College Board's English Competence Examination），这个口语测试针对的是申请进入美国大学的海外学生[②]。

王佶旻（2010）以第二次世界大战为界，把口语测试的历史分为萌芽期、

---

① 王佶旻：《汉语作为第二语言的初学者口语能力结构初探》，《心理学探新》，2008年第1期，第33—38页。

② 王佶旻：《外语口语测验的历史发展综述》，《中国考试》，2010年第3期，第51页。

发展期和转变与成熟期[①]。二战之后至今是转变与成熟期，口语测试在这一阶段取得了长足发展。在此期间第一个公开推出的口语测试是OPI（Oral proficiency interview），这是美国外交学院（Foreign Service Institute）开发的口语测试，至今在测试界仍具有广泛的影响。1978年，雅思（International English Language Testing System，简称IELTS）面世，雅思考试的口语采用面试方式，得到了社会的广泛认可。2005年，老牌英语测试托福（Test of English as a Foreign Language，简称TOEFL）改版，其中一项重要改变就是增加了口语测试。

目前，口语测试已经进入了一个发展繁荣的阶段，几乎所有的语言测试都会有口语测试部分，其中影响最大的是雅思和新托福的口语测试。

2.3.1.1　新托福（TOEFL）口语测试

托福（The Test of English as a Foreign Language，简称TOEFL）是由美国教育考试中心（Educational Testing Service，简称ETS）举办的英语能力考试，全名为"检定非英语为母语者的英语能力考试"，中文音译为"托福"。全球有一百多个国家和地区都设立了托福考试中心，美国、加拿大、欧洲（如英国）、大洋洲（如澳大利亚、新西兰）以及东南亚一些国家和地区也都已承认TOEFL考试成绩。只有达到学校所要求成绩的报考者，才能取得入学和申请奖学金的资格。近些年来，联合国驻华机构或其他国际组织在测试职员的英语水平时，也都采用TOEFL考试成绩。[②]

早期托福考试没有专门的口语测试。2005年2月，美国教育考试中心（ETS）宣布从当年9月起逐步在全世界实施新形式的托福考试。新形式的具体体现是基于因特网环境下的计算机化考试（Internet Based Test 简称IBT），

---

① 王佶旻：《外语口语测验的历史发展综述》，《中国考试》，2010年第3期，第53页。

② http://www.ets.org/toefl

即考试是在具有因特网接入条件下的计算机上进行的。新托福由四部分组成，分别是阅读（Reading）、听力（Listening）、口试（Speaking）、写作（Writing）。

新托福口试部分用计算机来呈现传统的口试试卷，采用人机对话形式，模拟正式的上课讲演来考查应试人的口语能力水平。考试共有6道题目，第1、3、5题针对的是校园生活，第2、4、6题是相对学术性的题材，总时间约为15分钟，在准备和答题过程中，电脑屏幕上会显示倒计时的时钟。

新托福（TOFEL）口语测试虽然号称采用"人机对话"方式，实际使用的测试方式仍是半直接式测试。只是试卷被计算机取代，计算机不仅呈现试卷呈现的内容，还能控制应试人准备和答题的时间，并把一部分试卷呈现的内容播放出来给应试人听，这种测试方式更符合交际式语言能力测验的要求，测试情境和实际交际情境更加接近。

新托福口语分数分为4个等级，最高4分。评分标准包括两个部分：独立任务（第1—2题）的评分标准和综合任务（第3—6题）的评分标准。这两类评分标准都先给出一个获得本分数的应试人口语表现的总体描述（general description），再从3个方面具体评价应试人的英语水平，分别是表达（delivery）、语言使用（language use）、话题展开（topic development）。所谓总体描述，是指应试人的回答给评分员的直观印象，是并未用评分标准细则来判断时的直观感受，总体描述主要包括内容的完整性和表达中的逻辑关系。表达主要关注语言本身，首先是对说话时语音、语调和语速的要求，还包括对流利度（fluidity）和清晰度（intelligibility）的要求。语言使用指的是对词汇、语法结构的运用。话题展开指的是应试人回答和测试任务的相关程度、列举的观点以及阐述是否充分、论点和论据之间的关系是否明确等。

2.3.1.2　雅思口语测试（IELTS）

雅思考试（International English Language Testing System，简称IELTS，中文名为国际英语语言测试系统），由剑桥大学考试委员会、英国文化协会及澳大利亚教育国际开发署（IDP教育集团）所共同拥有。它是为那些打算在以英语作为交流语言的国家或地区学习或工作的人们设置的英语语言水平考试，测试应试人在真实的语言环境中用英语进行沟通的能力。雅思考试包括听、说、读、写四项测试。自1989年雅思考试创办以来，因其注重考查真实语境中的交际能力，得到了世界各地的广泛信任，目前雅思考试在全世界120个国家和地区举行，全球有超过6000所院校机构、政府部门和职业机构认可雅思成绩，并将其作为一种权威有效的测试英语沟通能力的方法[①]。

雅思考试分为两种类型，学术类（A类）和培训类（G类）。学术类和培训类是为不同目的而设置的考试，因此这两类考试所要求的语言技能不同。这两类考试都要求应试人依次参加听力、阅读、写作和口语共四部分测试。学术类和培训类的听力和口语使用相同的试题，阅读和写作部分试题不同。

雅思口语测试时间为11分钟至14分钟，采用一对一的面试形式。该项测试主要考查应试人日常会话、对熟悉话题做一定长度的描述以及与评分员之间的互动能力。雅思口语测试的评分标准涉及4个方面：语言的流利度和连贯性（fluency and coherence），词汇变换（lexical resource），句式丰富性和语法准确性（grammatical range and accuracy），发音（pronunciation）[②]。语言的流利度和连贯性，指的是应试人能否用正常水平语速连贯表达，是否能够在表达观点和言语使用上达到结构层次清晰、互相关联；词汇变换，指的是应试人词汇量的范围以及能否用这些词汇清晰地表达意思和态度，包括所使用的词

---

① http://www.chinaielts.org/
② 此处术语按照雅思中国官网的翻译为准。

汇是否多样、是否可以运用相关技巧绕过词汇障碍（如用不同方式表达相同的意思）；句式丰富性和语法准确性，指的是应试人使用的语法结构的范围以及能否正确和恰当地运用这些语法结构。在评分过程中，应试人言语表达的长度、复杂程度以及语法错误对交流的影响等因素都在考查范围之内；语音指的是应试人的表达是否可为他人理解、应试人能否运用语音表达意义。在评分过程中，应试人在表达中造成理解障碍的次数、母语对英语表达的影响的次数都在考查范围之内。[①]雅思除了给出口语考试的评分标准以外，还给出了每个分数级别的等级描述。需要说明的是，这个等级描述是针对所有题型（听力、阅读、写作和口语）的，适用于口语考试，也适用于其他分测验。

2.3.2　国内口语测试发展概况

我国国内有以普通话水平测试（简称PSC）和汉语水平考试（简称HSK）为代表的多个口语测试。普通话水平测试（PSC）是汉语作为第一语言的口语测试，汉语水平考试（HSK）高等口试是汉语作为第二语言的口语测试。除这两个影响最大、历史最长的语言测试外，我们还介绍了实用汉语水平认定考试（C.TEST）口语面试，这个口语测试采用面试的形式，在当前的汉语口语测试中独具一格。

2.3.2.1　汉语作为第一语言的口语测试

普通话水平测试（PSC）始于20世纪80年代。1982年，北京市语言学会组织了普通话等级标准研究小组并提出了《普通话等级标准条例草案》。1983年9月，陈章太正式提出普通话水平测试标准分三级的设想。1988年底，教育

---

① http://www.chinaielts.org/guide/sample_questions.shtml

部①推广普通话办公室和国家语委语言文字应用研究所的有关人员组成"普通话水平测试标准研究"课题组②。1991年，课题组研制的《普通话水平测试等级标准》通过了国家语委组织的专家鉴定，由国家语委普通话推广司印发各地试用③。

1994年11月，《普通话水平测试大纲》正式出版，详细规定了测试目的、测试性质和测试方法，明确了测试内容、测试范畴和测试题型，说明了应试人员的行业范围。同年，国家测试实施机构国家语委普通话培训测试中心率先成立，后云南、上海等省级普通话测试机构相继建立。有的省级培训测试中心是独立建制，有的则是语委办同时承担测试机构的职能。另外，各地市、院校也成立了测试站。这样就形成了国家、省级、地市或高校三级测试机构体系，构成了全国测试的网络。

2000年10月31日，九届全国人大常委会第十八次会议通过了《中华人民共和国国家通用语言文字法》，这是我国第一部关于语言文字的专门法律，明确了普通话的法定地位、作用和使用范围，提出了普通话应有国家规定的等级标准，明确了由国家语言文字工作部门颁布普通话水平测试标准。该法指出，凡以普通话作为工作语言的岗位，其工作人员应当具备说普通话的能力。该法还明确了必须使用普通话并且达到相应等级标准的人员，即播音员、节目主持人、影视话剧演员、教师、国家机关工作人员等。这就以法律形式明确了普通话水平测试的对象，这也为相关行业的资格准入制度提供了法律依

---

① 注：此处应为"国家教委"。国家教育委员会作为国家教育管理行政机构的起止时间为1985年到1998年。1998年，国家教委改名为教育部。

② 孙修章：《"普通话水平测试标准"研制与实践》，《语言文字应用》，1992年第1期，第12页。

③ 刘照雄：《〈普通话水平测试大纲〉的编制和修订》，《语言文字应用》，1997年第3期，第16页。

据。该法提出对尚未达到国家规定的普通话等级标准的分别情况进行培训。这为普通话的培训也提供了法律保障[①]。《中华人民共和国国家通用语言文字法》的颁布实施标志着普通话水平测试进入了发展创新阶段。

普通话水平测试（PSC）经过几十年的发展，累计测试人数达到3000万人次，已经成为国内最有影响的汉语口语测试之一，是世界上最大的汉语口语测试。普通话水平测试（PSC）的发展推动了我国的普通话推广事业，还带动了普通话教学及应用语言学学科的发展，为我国的语言文字工作做出了突出的贡献。

普通话水平测试是测定应试人掌握和运用普通话所达到的规范程度的考试，是一种口语测试。普通话水平测试过程包括五个口语测试任务，分别是：读单音节词、读多音节词语、选择判断、朗读短文和命题说话。其中第三项"选择判断"可视情况取消，目前多数省、市、自治区在实际测试中不测此项。测试时间大概在15分钟左右，首先抽签朗读作品和说话题目，准备约10分钟的准备时间。在普通话水平测试中有两种测试模式，大部分地区采用机器测试模式，这种情况下评分员不出现在测试现场，不需要引导应试人完成各项测试任务，测试中使用计算机作为测试媒介和手段，测试现场不使用试卷。在有些省、市、自治区，测试模式仍是评分员组织引导进行的人工测试模式。这种模式下，普通话水平测试使用试卷作为测试手段和媒介，评分员始终在测试现场，引导测试员完成测试任务，但评分员的主要任务是给应试人评分。

我们认为普通话水平测试是一种半直接式口语测试。把普通话水平测试归为半直接式口语测试，主要因为评分员的引导是辅助性的，测试的手段主

---

① 姚喜双：《推普工作的重要抓手——谈依法推进的普通话水平测试》，《语言文字应用》，2010年第3期，第26页。

要是试卷，应试人根据试卷指示来完成测试任务，评分员评分是主要任务。

普通话水平测试（PSC）的评分标准比较特殊，五个题型各有针对本题型的评分标准。普通话水平测试第一、二部分是"读单音节词"和"读多音节词语"，这两个题涉及读音、限时两条评分标准，读音分为对、错和缺陷。第四部分"朗读短文"除以上两条标准外，还涉及篇章层面的语调、停连以及语速。第三部分"选择判断"考查对普通话语法的掌握程度，同时也涉及读音和限时两条评分标准。第五部分"命题说话"的评分标准最为复杂，分为语音标准程度、词汇语法规范程度、自然流畅程度三大方面，其中权重最大的是语音标准程度，满分分值为30分，占全部五个部分的30%，其余两个方面各5分。

普通话水平测试评分标准特殊性表现在：一是普通话水平测试包含五个测试任务，即五个题型，每个题型都有各自评分标准。第一二部分的考查在词汇层面，评分标准相同，其他几个部分的评分标准都各不相同。朗读短文和命题说话部分加入了"语调"这个句子、篇章层面的评分标准。二是提出"语音面貌"这个普通话水平测试特有的评价标准。语音面貌它含语音标准程度、词汇语法规范程度、自然流畅程度三个方面，其中"语音标准程度"最为重要。"语音标准程度"指的是应试人的发音准确程度、语调标准程度等。"语音面貌"这个术语适用于汉语作为第一语言的口语测试，强调对母语者语音语调的考查。第三是对语音标准程度的评价既有定量分析，也有定性分析，定量分析和定性分析相结合。语音标准程度项评分标准分为六档，每档都规定了语音失误的次数，同时又有定性的描述。

除了针对每个题型的详细评分标准外，普通话水平测试还提供了"普通话水平测试等级标准"，这一标准对各个级别的应试人表现给出了详细描述。此"等级标准"强调了每个级别应试人语音标准程度的典型表现，例如二级甲等"少数难点音（平翘舌音、前后鼻尾音、边鼻音等）有时出现失误"等。

这些描述是普通话水平测试评分标准的辅助和补充，有助于评分员更好地理解和把握评分标准。

2.3.2.2 汉语作为第二语言的口语测试

1. 汉语水平考试（HSK）高等口试

中国汉语水平考试（HSK）[①]是为测试母语非汉语者（包括外国人、华侨和中国少数民族考生）的汉语水平而设立的国家级标准化考试，由北京语言大学汉语水平考试中心设计研制，包括基础汉语水平考试［简写为HSK（基础）］，初、中等汉语水平考试［简写为HSK（初、中等）］和高等汉语水平考试［简写为HSK（高等）］。HSK被称为"汉语托福"，HSK证书可以作为达到进中国高等院校入系学习专业或报考研究生所要求的实际汉语水平的证明，作为汉语水平达到某种等级或免修相应级别汉语课程的证明，还可作为聘用机构录用人员时评价其汉语水平的依据[②]。

汉语水平考试三个级别的考试中，只有HSK（高等）有口语测试。HSK（高等）口语测试时间共20分钟，其中准备10分钟，考试10分钟。HSK（高等）口试部分共有两个测试任务，分别是朗读和口头回答问题。第一项要求应试人朗读一段250字左右的文章（约2分钟），第二项要求考生回答两个指定的问题（每题约用3分钟），全部口试时间为10分钟。HSK（高等）口试使用口试试卷，试卷上写明了应试人要完成的任务。测试开始后，应试人按照试卷要求完成指定的口试任务。测试过程中评分员始终不出现在测试现场。

汉语水平考试（HSK）高等口试评分标准历经三次修订，每次修订的主要是评分标准所涉及方面的具体描述等，口试的评分方法和等级划分等都没

---

① 现行HSK考试将口语测试独立出来，设计了专门的HSKK口语测试，分为HSKK（初级）、HSKK（中级）和HSKK（高级）。

② http://www.hsk.org.cn

有改变。每次修订都是为了使评分员更易于掌握评分标准的内容，使阅卷评分的过程更简便。

现行的评分标准为2004版，从内容、篇幅（说话时间）、语言形式（字、词、句、语法等）、结构、表达效果等五个方面评价应试人的口语水平[①]。每个等级的评分标准都涉及这五个方面。每个级别的"评分标准"都分为"标准表现"和"评分要点"两部分。每个级别的评分标准中，都有这个级别应试人的"评分要点"，揭示该等级区别于其他等级的标志性特征，以此作为评分的重要依据，这就更有利于迅速把握标准，提高评分效率。[②]"评分要点"的另一重要作用是为使用评分标准做补充说明，例如3级以上的"评分要点"中要求内容、篇幅、语言形式、结构、表达效果五个方面都达到评分标准要求才能获得相应级别的分数，3级以下则五个方面中有一个符合评分标准就能获得相应级别分数。这种"标准表现"和"评分要点"相结合的方式具有很强的操作性，便于评分员尽快掌握评分标准，区别各个级别的典型表现和特征。

2. 实用汉语水平认定考试（C.TEST）口语考试

实用汉语水平认定考试（Test of Practical Chinese，简称C.TEST）口语考试，由北京语言大学汉语水平考试中心开发，旨在考查国际环境中母语非汉语人士在社会生活以及日常工作中运用汉语进行口头交际的能力。测试的结果将为用人单位在人员招聘、选拔、晋升等决策过程中评价相关人员的汉语口语交际能力提供参考依据。

该项口语测试于2007年正式开考，历史不长，但其组织形式和国内其他汉语测试完全不同，具有鲜明的特点。C.TEST口语考试采用面试形式，整个

---

① 2002和2004版评分标准尚未出版，只在评分培训中使用。本文只对评分标准做总结和评价，未作为附录引用。

② 聂丹：《汉语水平考试（HSK）写作评分标准发展概述》，《云南师范大学学报（对外汉语教学与研究版）》，2009年第6期，第18页。

测试过程体现了双向互动的交际原则。面试过程由应试人和评分员双向交流共同完成，互动性很强，突出了对口头交际能力的考查，没有朗读、重复句子等单向性测验任务。测试的每个环节都包括测验任务与互动问答两个维度。测验任务即特定的交际任务，应试人需要完成交际任务并在此基础上与评分员进行对话或讨论。评分员根据应试人完成任务的情况与互动问答的表现来综合打分。C.TEST口语考试由两名评分员对同一名应试人进行考查与评价。这两名评分员一名担任主面试官，一名担任副面试官。主面试官主要负责引导应试人完成测试任务、和应试人对话，副面试官主要负责记录应试人表现。为了消除评分员的疲劳效应，每隔一段时间主、副面试官调换角色，以保证考试的信度和效度[①]。

在C.TEST口语测试过程中，评分员的作用是非常重要的。评分员一方面要主持测试过程，引导应试人完成测试任务，还要和应试人对话、记录应试人的表现；另一方面还要为应试人的表现评分。在C.TEST口语测试中，应试人没有试卷，需要完成什么测试任务是由评分员传达的。面试型口语测试对评分员的要求很高，测试结果是否能反映应试人的实际口语水平，不仅取决于评分员评分是否准确，还取决于评分员的引导过程是否成功，应试人的言语样本是否反映了他的真实水平。

实用汉语水平认定考试（C.TEST）口语面试评分标准尚未向外界公布，只公布了各个级别的等级描述，这个等级描述从应试人能完成的交际任务、能使用的语法结构（词、短语和句式）以及能谈论的话题内容等几个方面评价应试人的口语水平。

[①] http://www.c-test.org.cn/

2.4　汉语口语测试评分员

在主观测试中，评分员是必不可少的。口语测试是一种主观测试，不论什么样的主观口语测试，都需要评分员给应试人打分。有的口语测试中，评分员还要担当起主考官的角色，和应试人对话，引导应试人完成测试任务。评分员在测试活动中居于核心位置，是口语测试活动的主体。鉴于评分员在口语测试中的重要性，各种口语测试有一套评分员的培训和管理的模式。

2.4.1　评分员的分类

2.4.1.1　普通话水平测试（PSC）评分员的分类

普通话水平测试的评分员又称为"测试员"。普通话水平测试实行测试员资格制度，上岗之前要通过资格考试。我国现有各级测试员45000余人，这是一支专业的考官队伍，同时也担负着宣传推广普通话、普通话教学以及相关科研等多种任务，他们为我国的普通话水平测试事业和普通话推广事业做出了突出贡献。普通话水平测试员是一支专业的语言文字工作者队伍，但组成人员多为兼职的，他们分布在全国各级测试实施机构，来源于各行各业。要了解这支队伍，可以从不同的角度对测试员进行分类。

根据测试员的等级，普通话水平测试员可以分成国家级测试员和省级测试员。《普通话水平测试实施办法》[①]对申请国家级和省级测试员的资格做了明确规定：

---

① 宋欣桥编:《普通话水平测试员实用手册（增订本）》，商务印书馆，2004年版，第15页。

申请省级测试员证书者，应具有大专以上学历，熟悉推广普通话工作方针、政策和普通语言学理论，熟悉方言与普通话的一般对应规律，熟练掌握《汉语拼音方案》和常用国际音标，有较强的听辨音能力，普通话水平达到一级。申请省级测试员证书者，通过省级测试机构的培训考核后，由省级语言文字工作部门颁发省级测试员证书。

申请国家级测试员证书者，一般应具有中级以上专业技术职称和两年以上省级测试员资历，具有一定的测试科研能力和较强的普通话教学能力。

申请国家级测试员需经过省级语言文字工作部门推荐。经省级语言文字工作部门推荐的申请国家级测试员的人，通过国家测试机构的培训考核后，由国家语言文字工作部门颁发国家级测试员证书。

除国家级测试员和省级测试员外，国家语委普通话培训测试中心还设置了特聘测试员。特聘测试员是国家级测试员的一种，是由从国家级测试员中选拔出的优秀人员组成的骨干测试员队伍。特聘测试员由各省级测试实施机构从当地挑选表现优异的国家级普通话水平测试员，上报国家测试实施机构批准，由国家测试实施机构颁发特聘测试员证书。特聘测试员是测试员的中坚队伍，主要承担科研工作和部分成绩复审工作。

按照测试员所属的地区，测试员可以分为境内测试员和境外测试员两大类。境内测试员是在中国大陆境内的测试员，香港、澳门特别行政区的普通话水平测试员为境外测试员。自从香港、澳门回归以来，港澳同胞对祖国的认同感不断增强，随着港澳和内地的交往日益密切，学习普通话成为一种潮流，普通话逐步成为港澳同胞的日常用语之一。1996年，为满足香港同胞的需求，普通话水平测试正式在香港开展。截至2010年11月，国家语言文字工作委员会普通话培训测试中心同香港十一所高校、澳门两所高校签订了合作开展普通话水平测试的协议，并且为港澳地区培训了百余名普通话水平测试员。这些测试员是来自港澳各高校的全职或兼职教师，60%以上具有硕士以上学位。

按照测试员所从事的行业，测试员可以分为教育系统的测试员、广电系统的测试员以及其他行业的测试员。教育系统测试员有来自教学一线的教师，也有从事管理工作的各类人员。这部分测试员大都毕业于与中文相关的专业，也有毕业于医学、生物学和艺术等其他学科。广电系统测试员有电台、电视台的播音员和主持人，也有从事新闻采编工作的记者和编辑。除以上两个行业外，还有一些来自其他行业的测试员，例如公务员或是来自服务行业的测试员等①。

屠国平（2003）②认为，由于生活经历、所学专业、工作性质等的不同，不同的测试员在测评能力、普通话水平、语音理论功底、培训测试经验等方面还存在着一定的层级差异。根据测试员间的这种差异，他把测试员分为四种类型：实践操作型测试员、培训型测试员、研究型测试员和综合型测试员。不论国家级测试员还是省级测试员，大部分评分员都属丁实践操作型测试员，他们基本掌握了测试标准和测试方法，测试结果信度较高。培训型测试员不仅能为应试人的语言表现评分，还能培训普通话，具有一定的语言学知识和较强的审音、正音能力。研究型测试员，指的是能对普通话水平测试涉及的相关问题进行深入研究的评分员。他们多是专业出身，对普通话培训和测试较感兴趣，日常从事的工作也与测试相关。综合型测试员，能充当以上三种角色，既能培训应试人普通话，也能测查应试人的普通话水平，还能从事相关的研究工作。这种分类方法将评分员按照具备的素质能力分成四个层级，

①　陈茜：《国家级普通话水平测试员队伍的培训与发展——第37—43期国家级普通话水平测试员资格考核培训班学员情况分析与思考》，《语言文字应用》，2007年第4期，第116—118页。

②　屠国平：《普通话水平测试员培养规格与培养模式思考》，《绍兴文理学院学报》，2003年第4期，第57—58页。

符合普通话水平测试实践，具有一定的新意。

2.4.1.2　汉语水平考试（HSK）高等口试评分员的分类

汉语水平考试（HSK）高等口试对评分员的专业及教学经验有严格要求。HSK（高等）口试是汉语为第二语言的口语测试，对评分员的专业要求较严格，不仅要求评分员来自对外汉语教学或相关专业方向，而且还要求评分员最好具有对外汉语教学经验。HSK（高等）口试的评分员是在读研究生或对外汉语教师，学历一般在硕士以上，专业背景为对对外汉语教学及相关专业（语言学及应用语言学等）。

HSK（高等）口试评分员是一支流动的队伍，每次参加测试评分的评分员都不尽相同。限于客观条件，在读研究生毕业后就不再参加评分，新入学的研究生再补充进来。近年来随着参加汉语水平考试（HSK）高等考试的应试人增加，评分员的队伍也比以往有所扩大，每次参加评分活动的大约有100—150名评分员。

按照评分员的职业给评分员分类，HSK（高等）口语测试的评分员可分为教师评分员和学生评分员。教师评分员中有的从事对外汉语一线教学工作，教学经验比较丰富，对来自世界各地各个国家应试人的口语表现特征比较了解；有的教师评分员从事科研工作，对汉语测试的研究或汉语作为第二语言的习得研究比较熟悉。无论学生评分员还是教师评分员大都来自北京语言大学，也有少量评分员来自其他院校。需要特殊说明的是，HSK（高等）口语测试的评分员全部都是以汉语为母语者，不包括香港、澳门地区的普通话学习者。

和普通话水平测试的评分员相比较，HSK（高等）口语测试评分员人数比较少，来源比较单一，评分员背景的同质性较高。

2.4.2　评分员的特点

汉语口语测试的评分员具有以下特点：

2.4.2.1　专业性

评分员的主要工作任务是为应试人评分，在有些测试形式中还要和应试人对话、引导应试人完成测试任务。要胜任这些工作，评分员应具有一定的专业知识。1994年《关于开展普通话水平测试的决定》中的《普通话水平测试实施办法（试行）》，1997年《关于普通话水平测试管理工作的若干规定》和2003年《普通话水平测试管理规定》，对普通话水平测试员的基本条件做了较为明确的规定。这些规定都提到要获得测试员资格需具有必备的专业知识和专业技能。宋欣桥（2006）将"必备的专业知识和专业技能"归结为以下五个方面：熟练掌握汉语拼音，掌握普通话语音、词汇、语法的理论知识；具有较高的听音和发音能力，熟练掌握常用的国际音标；熟悉汉语方言与普通话的对应规律；熟悉推广普通话工作方针政策；熟悉普通语言学理论[1]。可见，要成为一名汉语口语测试评分员，必须具备很高的专业素养。如果评分员自身的专业素质不过关，对应试人语言表现的评定也是不可靠的。有关普通话水平测试的很多研究（熊婕，2006[2]；吕洪雁，2002[3]；申莲，2006[4]；程相伟，

---

[1]　宋欣桥：《初议普通话水平测试员的基本素质与专业资格——兼析国家级测试员培训班学员问卷调查》，见国家语言文字工作委员会普通话培训测试中心编：《第二届全国普通话水平测试学术研讨会论文集》，商务印书馆，2006年版，第58—61页。

[2]　熊婕：《浅析普通话水平测试员语音评定不准确的原因及对策》，《湖北教育学院学报》，2006年第10期，第30页。

[3]　吕洪雁：《浅析测试员对普通话水平测试结果的影响》，《江汉大学学报（人文社会科学版）》，2002年第2期，第19页。

[4]　申莲：《普通话测试中测试员引起的测试误差成因分析及对策》，《和田师范专科学校学报（汉文综合版）》，2006年第6期，第178页。

2002[①]；等等）都提到一级甲等评定率过低，造成这种现象的一个原因就是评分员本身的水平有限，有些测试员还存在一些语音、语调错误或系统性的缺陷等，例如平翘不分，前后鼻音不分，不认识测试中的生僻字或容易读错的字等，测试员会听不出应试者的发音错误。可见，评分员自身的专业素养会使评分的准确性受到影响，导致评分误差。

2.4.2.2 兼职化

汉语口语测试的评分员都是兼职的，口语测试评分不是他们的专职工作，评分员都还有自己的日常工作。普通话水平测试（PSC）的测试员有的是教师、有的是播音员、主持人。HSK（高等）口语测试评分员多是教师和研究生。汉语口语测试的评分工作大多在休息日进行，对于测试的组织者来说，集中大量评分员评分不是一件容易的事。如果测试规模较大，参加测试的应试人很多，评分员可能成为制约口语测试发展的一个因素。评分员日常从事的工作大都和汉语口语测试的评分工作相关，但也有少数和评分工作相差甚远。评分员有测试任务时参加测试评分，测试任务结束后，他们又立即回到工作岗位从事本职工作。评分员因此不大可能对普通话水平测试进行深入的研究、理性的思考。

职业背景上的差异可能导致评分员在测评活动中表现参差不齐，从而影响评分的准确性。不同背景的评分员是否在评分过程中有差异，是当前主观测试研究中的一个热点问题。例如罗丹（2006）[②]，郑玮（2010）[③]等的研究是关

---

① 程相伟：《普通话测试员评分误差原因及对策初探》，《洛阳师范学院学报》，2002年第4期，第129页。

② 罗丹：《HSK（高等）作文评分差异考察》，《世界汉语教学》，2006年汉语水平考试研究专号，第114—123页。

③ 郑玮：《分层评分员模型在HSK（高等）口语考试中的运用》，北京语言大学硕士毕业论文，2010年。

于有测评经验的评分员和无测评经验的评分员，在评分活动中的表现是否相同，这些研究的结果不尽相同，有的研究结果显示有经验的评分员评分质量更高，有的研究结果显示有无经验对评分活动没有影响。针对不同的口语测试，这个问题的答案可能不同。于谦（2009）[①]研究了不同背景普通话水平测试国家级评分员的评分差异，结果显示，普通话水平测试国家级测试员的测评能力考核成绩不受其普通话水平的影响，也不受其省级测试员资格长短的影响。

2.4.2.3　松散型

和其他专业人员相比，口语测试评分员队伍的组织管理较为松散。不论普通话水平测试（PSC）还是汉语水平考试（HSK），口语测试评分员都是兼职的，从事口语测评工作是他们日常工作之外的工作。在各级测试机构中，很少有专职管理评分员队伍的人员，学界也少有研究涉及如何组织、管理评分员队伍。严格意义上的组织管理包括资格准入制度管理和考核制度管理。目前口语测试实践中，测试组织机构对测试员的资格准入制度执行较为严格，而疏于测试员的考核管理。

2.4.2.4　应用型

这里的"应用型"人员指的是把相关技术和理论应用到实际的生产、生活中的技能型人员。口语测试评分员是应用型专业人员。评分员学习各种专业技能和知识，目的是为了把语言学理论知识应用到测评实践中，提高口语测试的信度和效度。这一点和专门从事语言学研究的科研人员不同。

综上所述，口语测试的评分活动是一项专业性很强的工作，评分员应具

---

① 于谦：《略谈国家级普通话水平测试员资格考核》，《首都师范大学学报（社会科学版）》，2009年增刊，第34—38页。

有基本的语言学专业知识和语言测试知识。口语测试评分工作是一项很耗费体力的工作。评分经常会安排在节假日或休息时间，工作量也非常大，这对评分员的耐力是一个考验。除了要有健康的身体能承担这些工作，评分员还应具有高度的责任感，始终保持客观公正地评分。社会各界对评分员的要求很高。普通话水平测试（PSC）和汉语水平考试（HSK）的影响越来越大，参加测试的人数屡创新高，评分员的素质某种程度上代表了测试的规范程度和可信程度。汉语口语测试的评分员具有双重性：一方面测试活动对评分员个人的专业水平和个人素养提出了很高的要求，另一方面评分员是大都是兼职人员，评分活动多是在业余时间完成，评分员的组织管理还比较松散。

2.5 评分员培训和评价

2.5.1 评分员培训

在主观测试中，评分员在进行评分活动前，通常都要进行评分员培训。评分员培训的内容主要是学习评分标准、标杆卷等。评分员培训的效果关系着评分员在评分活动中的表现，同时也影响对评分员的评价。如果评价的结果发现评分员评分质量不好，还可以通过评分员培训来改善评分员的评分质量。评分员培训和评分员评价关系密切，都属于测试机构对评分员的管理范畴。

2.5.1.1 普通话水平测试（PSC）评分员培训

普通话水平测试（PSC）的评分员分为国家级测试员和省级测试员。要成为测试员，需经过严格的培训，经考核合格后颁发测试员证书。

省级测试员的培训工作由各省、市、自治区测试机构负责。省级测试员需经省普通话培训测试中心培训、考核，并经国家语委普通话培训测试中心复审、备案后，由省（自治区、直辖市）普通话水平测试委员会颁发省级测试员证书[①]。省级测试员数量众多，是测试员队伍的主体，承担着繁重的测试任务和推广普通话的任务。各省、市、自治区省级测试员培训班学习内容不完全相同，大致包含以下三个部分：系统学习《普通话水平测试大纲》等文件，全面掌握普通话水平等级的基本特征与评分细则、评分办法[②]；学习基础的语言学基础理论，特别是语音学基础理论；学习普通话的有关知识，提高测试员的普通话水平[③]。在有的省、市、自治区，培训合格的人员还应参加一年以上的普通话水平测试实践（可通过与两位正式测试员协同测试，逐步掌握评分标准的方法取得实践经验），经省测试委员会复审合格方可颁发省级普通话水平测试员证书[④]。

取得省级测试员资格两年后，符合申请国家级测试员资格条件的测试员，可经省级测试机构推荐申请国家级测试员资格，通过国家测试机构的培训考核后，由国家语言文字机构颁发国家证书。

国家级测试员的培训工作由国家语委普通话培训测试中心主持，培训方式主要是开设"普通话水平测试员资格考核培训班"（以下简称国测班）。从1994年底开始，截至2007年，已经举办了40多期培训班，培养了4000多名国家级测试员。国测班为各地培养了大批的测试骨干力量，也成为国家语委普通话培训测试中心指导全国测试工作的方式之一。国测班的基本任务就是对

① 屠国平：《普通话水平测试员培养规格与培养模式思考》，《绍兴文理学院学报》，2003年第4期，第57页。

② 屠国平：《普通话水平测试员培养规格与培养模式思考》，《绍兴文理学院学报》，2003年第4期，第58页。

③ 钱华：《普通话水平测试员培养模式初探》，《广西社会科学》，2004年第2期，第120页。

④ 屠国平：《普通话水平测试员培养规格与培养模式思考》，《绍兴文理学院学报》，2003年第4期，第59页。

培训对象进行测试能力的培养与考核[①]。

2000年以前，国测班的培训课程内容主要包括PSC的性质、评定的标准、测试的对象与要求、PSC等级标准的把握、试卷的编制、测试员的测试（评判）能力、培训省级测试员的能力、测试员自身的普通话水平等八项内容[②]。随着《中华人民共和国国家通用语言文字法》颁布和国家普通话水平测试题库建成，国测班培训的主要内容变为训练评分员的测评能力。培训课程重点在于加深测试员对PSC性质的认识，统一评定标准，提高测评能力，同时涉及一些基本的语言与测试理论[③]。2003年新《普通话水平测试大纲》颁布后，国测班的培训课程逐步趋于稳定，培训课程分为理论与测评能力训练两部分。培训课程共计30个课时，理论和训练各占15个课时，具体安排见表2.2。

测试结束时要对测试员的测评能力和普通话水平进行考核，合格的学员获得国测员资格。考核的内容有三部分：汉语拼音测验、普通话水平测试、测评能力考核。

表2.2 普通话水平测试国测员培训班培训内容

类别	课程名称	课时	合计
理论	普通话水平测试概说	3课时	15课时
	语音评定问题	6课时	
	普通话水平测试中的词汇语法问题	3课时	
	计算机辅助普通话水平测试系统简介	2课时	
	测试问题讨论	1课时	

---

① 陈茜：《国家级普通话水平评分员队伍的培训与发展——第37—43期国家级普通话水平评分员资格考核培训班学员情况分析与思考》，《语言文字应用》，2007年第4期，第113页。

② 陈茜：《国家级普通话水平评分员队伍的培训与发展——第37—43期国家级普通话水平评分员资格考核培训班学员情况分析与思考》，《语言文字应用》，2007年第4期，第113页。

③ 于谦：《略谈国家级普通话水平测试员资格考核》，《首都师范大学学报（社会科学版）》，2009年增刊，第34页。

续表

类别	课程名称	课时	合计
训练	测试能力单项训练	6课时	15课时
	测试能力综合训练	8课时	
	语音错误及语音缺陷类型辨析	1课时	

总体而言，普通话水平测试员的培训涉及的内容全面、培训的组织流程严密，要求也很严格。多年的实践证明，现有的这种测试员培训体系是符合普通话水平测试实际情况的。但是，对口语测试结果信度、效度的追求是无止境的，当前的测试员培训也还有改进和提升的空间：

完善测试员培训体系。当前对测试员的培训集中于岗前培训，对测试员上岗之后的继续培训不足。测试员一旦取得测试员资格，就不再有学习和提高的机会。在测试员的主体——省级测试员中，只有申请国家级测试员资格的人，才有机会再进行系统的业务培训。大多数省级测试员只能在测试实践中继续积累测评经验，依靠自学来提高理论水平。针对这种情况，何剑丽（2006）[①]提出建立测试员轮训制度，定期对已经上岗的测试员进行业务培养，促进测试员测试经验向综合素质的转化，提高对测试对象的理论认识，进一步增强其业务能力。新托福口语测试和汉语水平考试（HSK）高等口试中，每次评分之前，评分员都要集中一起学习重温评分标准等文件，这是一种值得借鉴的测试员培训方式。我们设想，一个完整的测试员培训体系，不仅有上岗之前的严格培训，还应该包括规范长久的在岗培训。

丰富测试员培训方式。现有的测试员培训多是使用培训班方式，把申请测试员资格的人集中起来培训。这种方式课时集中，具有较高的培训效率，是一种行之有效的培训方式。除此而外，我们还可以使用其他方式提高测试

---

① 何剑丽：《论普通话水平测试员的专业培养与指导》，《河西学院学报》，2006年第3期，第114页。

员的测评能力。例如：切实发挥各级测试机构的作用，在每次普通话水平测试前组织测试员举行测前学习，测后组织测试员交流测评经验，研讨有关测试文件。积极探索使用现代远程教育手段对测试员进行培训的方式。提高测试员进行科研的兴趣，组织学术讨论会，结集出版测试员有关普通话水平测试的文章等。

严格执行现有的测试员资格制度。近年来普通话水平测试发展迅速，普通话水平测试员的选拔又非常严格，现有的测试员常常满足不了测试需要。为了顺利开展测试工作，有些地方对测试员降格以求，参加测试员培训的人员背景各异，知识水平参差不齐。这些情况使得测试员的培训浮于表面，不能在根本上培养一个合格的测试员，在一定程度上影响了测试员队伍的整体水平。所以严格执行现有的测试员资格制度，选拔符合条件的人员进行培训，是保证测试员培训质量的一个重要方面。

2.5.1.2　汉语水平考试（HSK）高等口试评分员培训

和普通话水平测试（PSC）比较，汉语水平考试（HSK）评分员的流动性比较强，评分员个人背景的同质性也比较强。汉语水平考试（HSK）评分员培训一般在评分之前举行，培训时间为4—5个课时。评分培训包括以下四个环节：

网评操作系统介绍。HSK（高等）评分采取集中阅卷方式，以保障评分活动的效率和严肃性。早期评分阶段使用录音机播放磁带，三个评分员一组共同为应试人评分。考虑到一组评分员共处一室，他们之间的互相暗示可能影响各自的评分结果。这种影响客观上使得评分信度提高了，但是这种高信度并不是我们想要的，而是包含了很多测试误差在里面的高信度。为了解决这个问题，2007年HSK（高等）评分全面推行"网评"模式，每个评分员使用电脑在线给应试人打分。评分员不知道自己同组的其他两位评分员是谁，这种方式避免了评分员之间的干扰，客观上有利于提高评分结果的效度。网评操作系统由北京语言大学汉语水平考试中心开发，评分培训时由负责老师向评分员介绍系统的使用方法。

评分等级和标准介绍。HSK（高等）口试评分使用的是一个五分量表，最低1分，最高5分，无可供评价的应试人语言样本时为0分。除1、2、3、4、5等五个基准级以外，HSK（高等）口试还设置了7个辅助级：2-、2+、3-、3+、4-、4+和5-。评分标准包含标准表现和评分要点两个部分，从内容、语音语调、连贯性和流利度等几个方面描述了各个等级应试人的典型表现。

标杆卷点评。每个等级除学习评分标准之外，每个级别还提供2—4个标杆卷，即本等级应试人的典型代表，供评分员学习领会。评分员打分后，培训教师还会点评标杆卷，帮助评分员们把握评分要点。

试评和讨论。从2009年起，评分员培训课程增加了"试评"环节，学习完评分标准后，评分员对7个应试人进行评分。此7人的口语水平等级覆盖了从最低的1级到最高的5级。试评之后培训教师点评。试评环节可为参加培训的评分员提供学习之后的反馈，对评分员提高测评的信度、效度很有帮助。

和普通话水平测试（PSC）的评分员相比，汉语水平考试（HSK）的评分员培训有以下不同点：

培训比较简短，实用性更强。评分员的专业比较统一，都是语言学专业出身，且都有对外汉语教学经验，所以培训没有专门的语言学知识培训环节，所有的培训课程集中在训练能力上。因为是汉语为第二语言的口语测试，对语音标准程度的要求也没有普通话水平测试（PSC）那么高，所以没有专门针对评分员普通话水平的训练。汉语水平考试（HSK）评分员培训只有培训环节，培训之后没有评分员考核环节。

培训是定期举办的。无论是新评分员还是老评分员，每次评分活动之前都要参加培训。这一点保证了评分员更好地把握评分标准，保证了评分结果的信度、效度。

评分员的资格不是终身有效的。即使是资深评分员，在每次参加评分活动之前，也要参加评分员培训。

2.5.2　评分员评价

对评分员培训是把好评分员的"入门关"，保证学员具备成为一名合格评分员的基本素质，这并不代表他们在评分实践中的表现是可靠的。对评分员的评价是对评分员日常的评分表现进行评价，是对评分员在评分实践中表现的考核。和评分员培训相比，评分员评价对保证评分活动的信度、效度更具价值。

2.5.2.1　普通话水平测试（PSC）评分员的评价

关于普通话水平测试（PSC）评分员的评价的有关政策规定如下：

1994年普通话水平测试实施之初，国家语言文字工作委员会、国家教育委员会和广播电影电视部公布的《普通话水平测试实施办法》第十条规定：

测试员不能正确掌握测试标准或在工作中有徇私舞弊行为时，省（自治区、直辖市）或部委直属单位的普通话水平测试委员会应在一定期间内（半年或一年）停止其测试工作，错误性质严重的应撤销其测试员资格。对国家级测试员的处分和撤销处分的决定应通知国家语委普通话培训测试中心。[①]

这是最早的关于对普通话水平测试评分员进行评价的文字规定。

1997年国家语委对普通话水平测试评分员的考核做了更明确的规定。《国

---

① 宋欣桥编：《普通话水平测试员实用手册（增订本）》，商务印书馆，2004年版，第16页。

家语言文字工作委员会关于普通话水平测试管理工作的若干规定（试行）》第十一条规定：

国家语委普通话培训测试中心对国家级测试员，省级普通话培训测试中心对省级测试员，每2—3年进行一次工作考核。考核的主要内容有：工作态度、测试能力、测试工作量、遵守工作纪律情况等。根据考核结果，对表现出色的测试员进行表彰；对表现差和违反纪律的测试员进行批评，情节严重的由聘任单位给予收回测试员聘书且3年内不得聘任的处分，对情节特别严重的由颁发资格证书的单位收回其测试员资格证书；对因个人原因承担测试工作量过少的测试员予以解聘。[①]

2003年5月教育部语用司印发了《关于印发〈普通话水平测试工作评估指导标准〉的通知》（教语用司［2003］17号），这个评估标准对建立测试员队伍的评价体系和监督机制具有指导意义。《普通话水平测试工作评估指导标准》二级指标"队伍管理"规定：

测试员评聘分开，有任期；
未聘测试员不得承担测试任务；
定期考查测试员，建立测试员业务档案和视导员工作记录；
对测试员、视导员奖罚分明，并能调动积极性；
测试员、视导员无违纪事件和非组织测试事件。

另一项二级指标"队伍建设"规定：

---

① 宋欣桥编：《普通话水平测试员实用手册（增订本）》，商务印书馆，2004年版，第22页。

有测试员队伍建设计划并实施；

严格规范测试员资格考试，定期对全体测试员进行培训；

有计划组织测试科研，定期开展研讨活动，有科研成果。

具体情况，详见附录1。

以上三个文件对普通话水平测试评分员的评价或考核做了论述，可以看出，从普通话水平测试实施之初开始，评分员的评价问题就得到了关注和重视。对普通话水平测试评分员评价的规定越来越细化，越来越明确。1994年的规定对评分员的评价方面比较单一，只有"不能掌握评分标准"和"徇私舞弊"两种行为明确提出要处罚。这停留在对评分员不规范行为的处罚上，还未形成对评分员全方位、多角度的评价。

1997年的规定中，对评分员的评价方式明确了很多。首先，明确提出要对评分员定期进行工作考核；其次提出了考核的主要内容，考核的内容范围已经相对比较全面了。不仅包括1994年提到的两种情况，还涉及了工作态度和测试工作量等。

2003年的规定则明确了考核指标，规定了各个考核指标的分值，详见附录1。除了1994、1997年规定的考核内容之外，还提出了建立评分员档案、定期培训和开展科研活动等方面。2003年规定考核指标已经较为全面地概括了评分员应具有的素质，各个省（市、自治区）在此规定指导下制定了适合该地的评分员考核办法。我们收集了河北省、广西壮族自治区、内蒙古赤峰学院、南通航运职业技术学院等单位的有关普通话水平测试员考核的规定，并对这些文件做了梳理。总体而言，各地的考核方法是对以上几个文件的细化和展开：

第一，各地的相关规定拓展了测试员考核评价的内容。除以上提到的工作态度、测试能力、测试工作量、遵守工作纪律情况等考核的主要内容以外，各地的相关规定中还因地制宜地增加了业务培训情况①、口语水平②等项目。

其次，各地的相关规定严格了测试员考核评价的期限。此举明确了测试员考核的具体期限，例如：赤峰学院规定考核为定期考核，每年年底一次；广西规定除定期考核外，还有不定期考核；河北省规定原则上三年考核一次测试员③。

再次，各地的相关规定明确了测试员考核评价的等级。赤峰学院规定考核分优秀、称职、基本称职、不称职四个等级；根据考核结果，对优秀的测试员进行表彰，对基本称职的测试员予以督促；考核不称职的不再予以聘任，其他等级的可继续聘任。

第四，细化了测试员考核评价方式。赤峰学院对四个考核级别优秀、称职、基本称职、不称职的表现进行了详细说明。例如，文件首先规定了"普通话水平测试员的基本工作要求"，共有八条，内容涉及普通话水平测试员的应具备的专业素质，包括听、辨音能力，测评能力，相关法律法规的掌握水平等。考核内容还包括遵守纪律情况、接受再培训情况、参加"推普"工作情况以及工作态度等。达到以上这些要求的评分员，考核级别为称职。工作中出现过未达到或违反以上要求，但经批评已及时改正的测试员，考核等级视为基本称职。

考核级别为优秀的测试员应满足以下某个条件：

1. 能开展普通话水平测试的科研工作，具有一定研究成果；

---

① 赤峰学院普通话水平培训测试工作站：《测试员考核及奖惩细则》，http://www.cfxy.cn/

② 广西壮族自治区语委办公室：《广西壮族自治区普通话水平测试员管理办法（试行）》，http://www2.gxtc.edu.cn/yywzw/csgl/200705/24793.html

③ 河北省语委：《河北省实施〈普通话水平测试管理规定〉办法》，www.yywz.hee.cn/atm/7/20090715155439383.doc

2. 在"推普周"期间工作积极，承担具体活动且效果明显；

3. 工作态度认真、业务能力强、能胜任普通话培训和辅导工作，且教学效果良好；

4. 能克服个人困难，积极承担院测试站分配的测试任务，测试工作量饱满。

有下列行为的测试员，考核级别为不称职：

1. 对普通话测试的有关理论和知识学习不够，测试能力下降，测试中操作不规范，评分误差大，错档情况多。对此种情形，测试站提出批评，限期改进。

2. 对测试工作缺乏热情，因个人主观原因造成测试工作量过少，不能完成工作任务或由于工作态度、工作能力等原因，严重影响测试质量的，测试站提出批评，限期改进；对仍不改进者，将予以解聘。

3. 违反测试工作纪律，或玩忽职守，或徇私舞弊，或有非组织的个人测试行为、测试结果等。对有这几种情况之一者，给予站内通报批评并一年内不得聘任；对情节严重的或兼有几种情形者，给予院内通报批评并3年内不得聘任。

南通航运职业技术学院测试站的规定[①]，对测试员进行考核的依据是视导员对测试员测试打分的评定和省测试中心的复审反馈意见，并且细化了测试员评价和考核的指标：

---

① 南通航运职业技术学院测试站：《普通话测试员考核办法》，www.ntsc.edu.cn

测试员年内的打分合格率达到80%视为合格，达到100%视为优秀，低于80%且距离较远，测试站将要求其在下一年度的测试中见习测试，见习测试期内不发测试费。见习测试打分连续三场合乎要求，可重新上岗。见习测试打分仍然不合要求，测试站可提前与其解除聘约。

各级测试机构的这些评价方法在测试实践中发挥了积极的作用，有利于测试员队伍建设，有利于提高测试员队伍的整体素质。但是，这些评价方式中也存在一些问题：

各地评价标准不统一。目前普通话水平测试评分员的评价由各地测试机构完成，没有一个全国统一的评价标准。评价标准不统一体现评价指标不统一。以我们收集到的资料看，有的地方评价指标还是比较全面的，包含了测试员的专业素质、测评能力、工作态度和普通话水平等各个方面，但是有的地方评价指标过于简单、笼统。做一名合格的评分员，需要多种知识和技能，同时普通话测试员还肩负着"推普"的任务。理想的评分员评价标准评价标准应能反映评分员工作的方方面面。

评价方式操作性差。普通话水平测试评分员的背景复杂，他们专业不同、工作不同，学历也不同，大多是兼职人员，管理比较松散。当前对评分员进行评价的方式大致有以下几种：评分员自我鉴定、视导员给测试员评分，建立测试员档案等。

自我鉴定后一般还有测试机构鉴定，这种方式比较简单，不易反映测试员工作中的问题。测试机构的工作人员对测试员的情况也不可能完全熟悉，做出的评价也难免有失公允。

视导员是"具有高级专业技术职务或正处级以上行政职务，精通现代汉语语音理论，对本地方言有专门研究，具有丰富的测试实践经验，在本地推广普通话工作领域有较高威望的专家、教授。"[①]由专家对评分员的评价是一种在主观测试实践中常用的方式。

这种方式具有一定的优势，首先这种评价方式在现实中比较容易实现。说这种方式容易实现，是在经典测验理论体系中，我们无法找到准确的真分数指标，专家打出的分数可以近似地作为一个效标（criterion），以此分数作为标准评价评分员打分是否准确。其次这种方式也比较可靠，所以在测试实践中使用较多，汉语水平考试（HSK）高等口试、新托福口语考试等都使用专家打分的方式来评价评分员的表现。但是这种方式也有缺点，例如组织比较麻烦，视导员的工作量也很大。最重要的是，专家打出的分数也不是百分之百可靠，如果以不准确的效标作为评价标准，那么对于评分员来说也是不公平的。

评价反馈方式不当。给测试员提供的帮助有限。各地现有的评分员评价模式下，测试机构根据对评分员的评价，进行"奖励""表彰""批评教育""暂停工作""解除聘约""取消测试员资格"等。而对于大多数参加考核评价的评分员，他们无法获得有效的反馈。一个高效的评价体系，通过对评分员的评价过程，可以获得很多关于评分员评分过程的信息。简单来讲，视导员对评分员评价的过程中，可以知道评分员对普通话音系中哪些音的测评不准、对哪些级别的评测不准等信息。近年来，教育与心理测量学研究领域中的认知诊断技术发展迅速，认知诊断评估是新兴起的一项技术，它主要是通过现代教育测量方法与认知心理学的具体结合，通过考试来实现对学生学习中存在的问题进行诊断并反馈，这些诊断信息有助于学生本人、教师及家长对学生知识掌握情况的全面了解，有助于学生开展有效的补救学习和教师

---

① 宋欣桥编:《普通话水平测试员实用手册（增订本）》，商务印书馆，2004年版，第23页。

因材施教[1]。对测试员评价的过程可获得关于测试员的认知诊断信息，如果这些信息被反馈给测试员本人，将有助于提高他们的测评能力。理想的评分员评价反馈方式，能为评分员的评分活动提供合理建议，为评分员自身发展明确方向。

忽视实际评分表现。当前各地对评分员的评价期限不统一。有的是一年一次考核，有的三年一考核，有的地方有不定期考核，有的地方没有。单靠一年一次的考核，很难反映评分员日常评分活动中的实际情况。有的评分员在考核评价时非常用心，在实际评分时却并非如此。这种定期考核的方式忽略了评分员的日常评分工作，容易使评价流于形式。

评价指标难以量化。当前各地有关评分员考核的规定中，涉及的评价指标比较全面，反映了社会对评分员要求的各个方面，有政治修养、工作态度、专业素质、测评能力、测评数量等。但是如何对这些方面进行量化，则语焉不详。有的测试机构在量化这些测试指标上做了一些尝试，例：

测试员年内的打分合格率达到80%视为合格，达到100%视为优秀，低于80%且距离较远，测试站将要求其在下一年度的测试中见习测试，见习测试期内不发测试费。见习测试打分连续三场合乎要求，可重新上岗[2]。

这种量化指标提高了评价的可操作性，是一个科学的评价体系所应具备的。

---

① 涂冬波、漆书青、戴海琦、蔡艳、丁树良：《教育考试中的认知诊断评估》，《考试研究》，2008年第4期，第5页。

② 南通航运职业技术学院测试站：《普通话测试员考核办法》，www.ntsc.edu.cn

2.5.2.2 汉语水平考试（HSK）评分员的评价

汉语水平考试（HSK）高等口试没有专门的评价评分员环节。为了保证口语测试的信度、效度，在实际评分活动中，由专家组监控各评分员的评分结果是否可靠。专家组有4—5名成员，都是语言学专业出身，具有丰富对外汉语教学和研究经验。专家组的监控是与评分活动同步的，保证了评分结果是可靠、有效的。具体操作步骤如下：

在HSK（高等）口试中，每个应试人有3名评分员评分，取3名评分员的平均分为最后结果。在评分过程中，评分员分别提交各自的评分结果数据。如发现3名评分员对某个应试人评分的差异过大，专家组会再对此应试人的录音评分。以专家组的结果作为效标，对比专家组的评分结果，可以看出3位评分员评分结果和专家评分结果的差距。哪名评分员评分的误差过大，专家组会将评分监控结果反馈给他，并针对该评分员的表现提出建设性意见。

这种监控方式对于保证评分员的评分质量非常有效，能及时发现评分员的错误并纠正，还可以保证应试人获得的分数具有较高的信度、效度。这种方式也有缺点，对评分员评价而言，没有给评分员评价提供一个明确的指标，评分员没有获得反馈。如果在评分员人数很多、评分量很大的情况下，这种方式需要的专家组太多，不易实现。此外，这种方式针对的是评分员一时一地的表现，忽略了对评分员的长期培养。

2.6 本章小结

口语测试是通过应试人的口头语言表现来量化应试人的语言能力的测量活动，这里的口语指的是口头语言。人们对语言能力的认识经过"技能—成分说"阶段和"语言能力一体化"阶段后，进入了"交际能力模型"阶段。

口语测试由于符合交际型测试的要求，进入了一个蓬勃发展的阶段。本章介绍了新托福、雅思、普通话水平测试、汉语水平考试等几个有代表性的口语测试，这些口语测试活动虽然组织形式不同、评分标准不同，但都有评分员参与其中。

评分员是口语测试活动的主体，在不同的口语测试形式中，评分员担任的角色不同。评分员承担着为应试人评分的任务，有时还要负责引导应试人完成口语测试，对测试成绩进行复查审核等。在汉语口语测试中，普通话水平测试和汉语水平考试分别是汉语作为一语和二语的口语测试代表。根据不同的分类标准，汉语口语测试的评分员可以分为不同类型。不同类型的评分员都具有一些共同特征：他们从事的评分工作是专业性很强的工作，需要多方面的专业知识，但是评分员多是兼职人员，测试机构对评分员的管理也很松散。评分员具有的这种两面性，客观上要求测试机构加强对测试员的管理和评价。

在汉语口语测试实践中，测试机构对评分员的管理体现在培训和评价两方面。评分员培训和评分员评价密切相关，培训的效果会影响评分员的评分质量，从而影响到评分员评价。如果评分员评价的结果不理想，评分员应接受进一步培训。普通话水平测试（PSC）和汉语水平考试（HSK）已经形成了固定的评分员培训模式，而评分员评价还处于各自为政的状态，各个测试机构都有自己的评价办法。各种评价评分员的方式存在的问题主要有：评价标准不统一、评价方式操作性差、反馈方式不当、忽视实际评分表现和评价指标难以量化等问题。特别是对于普通话水平测试（PSC）来说，评分员队伍已经达到5万余人，如何对这些评分员进行科学的、准确的评价是一个亟需解决的问题。

第3章 理论基础

3.1 引言

不论什么样的评价都具有一定的主观性，评价者的立场和态度会影响评价的结果，对汉语口语测试评分员的评价也不例外。从不同的角度评价同一个事物，可以得出完全不同的结论。为了建立适合汉语口语测试实际的评分员评价体系，本章阐述了构建汉语口语测试评分员评价体系的几个基本理论问题：为什么要构建评分员的评价体系、建立评价体系应遵守什么样的原则，以及这个评价体系应起到什么样的作用。同时介绍了构建评分员评价体系所需的相关理论。

3.2 构建评分员评价体系的目的

现有汉语口语测试中比较有影响的是汉语水平考试（HSK）和普通话水平测试（PSC），这两种考试规模较大，而且具有良好的社会声誉。本研究以这两种考试的评分员为研究对象。HSK系列中只有HSK（高等）有专门的口语考试。按照测验的评分方法分类，HSK（高等）口试是一种主观测验。PSC除了"选择判断"以外，其余四个部分的评分都需要评分员主观判断。在实际测试实践中，第四部分"选择判断"可以视情况删去，大多情况下，这部分都不考，所以我们把PSC也看作是一种主观测验。

主观测验和客观测验是一对概念，是人们根据测试的评分方法划分的测验类型。主观测验的评分需要评分员自己做出判断，而客观测验评分时不需要评分员做出判断。作文、回答问题等是典型的主观测验，多项选择题是典型的客观试题。[①]主观测验评分依赖于评分员的主观判断，所以评分员评分的质量至关重要。目前PSC和HSK都是用评分员评分，评分员的评分质量关系到整个测试的质量和信誉。PSC的评分员是一支兼职队伍，平时这些评分员从事自己的本职工作，有的是教师，有的是播音员、主持人，有的是国家机关的工作人员。HSK的评分员多为语言学专业的教师和学生，HSK口试评分只是他们的一项兼职工作。这两种考试的评分员都是有测试的时候，才承担评分、复审、组织测试等任务。

这支队伍具有兼职性、松散型的特点[②]，因此对其进行考核评价是很有必要的。建立汉语口语测试评分员评价体系的直接目的是评价汉语口语测试评分员的评分质量，而根本目的是通过测评引导评分员提高自身素质、从而提高评分员的评分质量，保障口语测试的信度和效度。测试评分员评价体系的直接目的和根本目的是互相联系的，直接目的是手段，根本目的是宗旨。从根本上讲，直接目的是为根本目的服务的，对评分员进行考核的目的是为了保障测试的信度和效度，建立考核评价体系是保障普通话水平测试的信度、效度的一种途径。直接目的对根本目的也很重要，直接目的发展到最终就是实现根本目的。直接目的是根本目的实现的途径，如果离开了直接目的，根本目的就变成了无源之水、无本之木。

---

① 张凯：《语言测试理论与实践》，北京语言文化大学出版社，2002年版，第25页。

② 钱华：《普通话水平评分员综合考核指标体系构建研究》，见国家语言文字工作委员会普通话培训测试中心著，《第二届全国普通话水平测试学术研讨会论文集》，商务印书馆，2006年版，第82页。

3.3　构建评分员评价体系的原则

构建评分员评价体系是一项复杂的工作。评价的指标设立科学与否，直接关系着对评分员评价结果是否可靠，也关系着这套评价体系是否适用于汉语口语测试评分员的实际情况。由于汉语口语评分员的专业素质、测评能力等的涵义较广，内容多，建立评价体系时存在随机性和模糊性的特点，所以评价体系引进评价指标时，必须依据一定的标准，要遵从如下原则。

3.3.1　人本性原则

汉语口语评分员评价体系是对人的评价，评分员是测试活动的主体，评分员的评分关系着测试活动的成败以及测试事业的发展。人本性原则是指在构建汉语口语测试评分员评价体系时，评价者把自己放在和评分员平等的地位上，建立一种人格上的平等关系，克服凌驾于评价对象的优势心理，尊重评分员在测试活动中的主体地位；在制定评价目标和确定权重时，要倾听评分员的意见，充分吸收对方的意见；在评价评分员的过程中，要尊重各级测试机构和评分员对自身的评价，使评价的结果更有利于评分员的评分工作；评价过程中，还要充分肯定评分员的主体地位，弱化"强制性""检查性"色彩，尽量不引起评分员的反感，从而调动起评分员参与评价的积极性和主动性。

3.3.2　科学性原则

科学性原则就是要求汉语口语测试评分员评价体系的每个指标都能提供有用信息，而且各项指标提供的信息不重复交叉，以保证评价工作的科学性与精确性。汉语口语测试评分员评价体系要结合口语测试的类型和评分员的任务特点，将主观评价与客观测算、定性分析与定量分析结合起来，明确各评价指标的内涵和外延，全面地评价评分员的实际价值，使评价结果科学合理、真实可信。

3.3.3 系统性原则

汉语口语测试活动是一个系统。目前任何一个汉语口语测试活动都是一个由各种相关要素互相联系、互相作用构成的复杂系统。评分员在汉语口语测试活动中发挥的作用贯穿于整个测试互动的始终，包括报名、测试、成绩复审、发放证书等多个环节。评分员对汉语口语测试活动的作用不仅局限在测试活动中，还包括在汉语口语培训教学、相关领域的科研以及测试组织管理工作，因此对评分员的评价不能局限在测试环节，而应该从系统论的角度出发，科学评价评分员在汉语口语测试活动中的表现，而不能以孤立的观点评价，也不能厚此薄彼。

3.3.4 操作性原则

汉语口语测试评分员评价体系的建立，是为了解决测试实践活动中的实际评价问题。所以评价体系必须简洁实用，容易操作。在设计评价体系的时候，尽量使评价指标具体清晰、评价指标尽量数量化，能清晰反映各个评分员的差异。此外，评价指标的数量不宜过多，要尽量以较少的指标反映更多的信息，以保证评分员评价体系的可操作性。

3.3.5　激励性原则

钱华（2004）[①]研究普通话水平测试评分员的考核时，提到考核中的问题：个别管理机构只重视考核记过，为考核而考核，不注重考核结果的反馈；评分员不清楚自己的工作业绩，也就不知道如何更好地改进工作；还有的考核中由于反馈方式不当而挫伤评分员积极性的情况，使考核产生了一定的负面影响。构建评分员评价体系是提高评分员素质的一种手段，从根本上讲是为了保障汉语口语测试的信度、效度。把对评分员的评价结果反馈给评分员有助于他们不断提高自身素质。所以，对评分员的评价要在客观科学的基础上起到激励的作用，激励评分员以更大的热情投入测试工作、改进工作。我们构建汉语口语测试评分员的评价体系要重视评价考核的激励作用，将考核的负面作用压缩到最小。

3.3.6　导向性原则

构建汉语口语测试评分员评价体系的目的在于提供一种衡量评分员的理论体系，进而引导评分员朝正确方向发展。为使对评分员的评价体现测试活动对评分员评分的要求，引导测试活动朝高信度、高效度的方向发展，导向性原则应成为选择评价指标，确定指标权重大小的第一依据。选择评价体系的评价指标和确定权重时，应以如何有利于提高汉语口语测试的信度、效度为原则，一切以有利于测试活动的可靠性和有效性为原则。

[①]　钱华：《普通话水平评分员综合考核指标体系构建研究》。见国家语言文字工作委员会普通话培训测试中心著：《第二届全国普通话水平测试学术研讨会论文集》，商务印书馆2006年版，第81—91页。

3.4　构建评分员评价体系的作用

构建汉语口语测试评分员评价体系有利于汉语口语测试事业发展，有利于提高口语测试的信度和效度。对评分员的评价是一种管理评分员的方式，评价可直接作用于评分员，对评分员的评分活动产生影响。构建评分员评价体系对评分员以及评分活动有以下作用：

3.4.1　选拔

构建评分员评价体系的作用之一是选拔，这里的选拔是广义的选拔，包括指从一群人从挑选出能够胜任评分员的人，或者从现有的评分员群体中挑选出测评能力较高的评分员。

普通话水平测试的评分员分为国家级评分员和省级评分员，国家级评分员中还有特聘评分员，此外还有视导员。《普通话水平测试实施办法》规定：申请国家级评分员证书者，一般应具有中级以上专业技术职称和两年以上省级评分员资历，具有一定的测试科研能力和较强的普通话教学能力。普通话水平测试视导员负责对本省（区、市）的普通话水平测试工作、科研工作进行指导并提出建议。申请担任普通话水平测试视导员须具有国家级普通话水平评分员资格和高级专业技术职称，有两年以上测试工作经历，有较强的测试能力和较丰富的测试经验。汉语口语评分员评价体系可用来从申请省级评分员的人中选拔合适人选担任省级评分员，还可用来从省级评分员中选拔表现优秀的评分员担任国家级评分员，也可用来选拔普通话水平测试视导员。此外，汉语口语测试还可以用于对评分员进行考核，测试机构根据考核结果，表彰优秀评分员，对不称职的评分员不再聘任。

汉语作为第二语言的汉语水平考试，评分员的流动性比较大。评分员多是在读研究生，毕业之后几乎不再参加汉语水平考试的评分工作。每年都有新入学的学生加入评分员队伍，构建汉语口语测试评分员评价体系有助于从新入学的学生中选拔合适人选担任评分员。

3.4.2　诊断

构建汉语口语测试评分员评价体系的作用之二是诊断，指的是对评分员评分过程的诊断。

对口语的评分过程是一个主观判断的过程，不同评分员评分过程之间的差异很大。吕洪雁研究普通话水平测试的评分过程时提到，某测试中心选取5名代表不同等级的应试人，由93名国家级评分员分别对这5位应试人进行测评。结果发现，评分员对一甲的测评正确率只有14％，对二甲到三甲三个等级的评定正确率都达到了80％以上。[①]对汉语水平考试的研究也发现不同评分员评分过程中存在差异。罗丹研究汉语水平考试的作文差异时，使用"摆动幅度"作为评价差异的指标，结果显示，不同评分员对统一作文的评分差异显著，评分的摆动幅度是作文平均得分的一倍以上，如果作文的满分为100分，评分的摆动幅度在70分作用。可见，不同评分员的评分差异是显著的，会影响评分结果[②]。

构建汉语口语测试评分员的评价体系有助于发现评分员评分过程中的问题，挖掘评分员评分过程中的详细信息，了解评分员评分过程中的症结，从而为评分员的评分过程提供反馈和帮助。根据这些反馈的信息，我们可以针

---

① 吕洪雁：《浅析评分员对普通话水平测试结果的影响》，《江汉大学学报（人文社会科学版）》，2002年4月第21卷第2期，第18—20页。

② 罗丹：《HSK（高等）作文评分差异考察》，《世界汉语教学》，2006年汉语水平考试研究专号，第112页。

对评分员的不同特点进行不同的培训，使得针对评分员的培训更有针对性。

3.4.3　分数调整

构建汉语口语测试评分员评价体系的另一作用是分数调整。主观口语测试的误差较大，评分员的信度参差不齐，为了提高主观分的信度，保障口语测试的效度，我们有时要对评分员评出的分数进行调整，使之更接近应试人的真正水平。

Longford（1995）提出了四种分数调整模型，希望借助数学方法对主观分数进行调整。[1]陈菊咏（2003）[2]、马春燕（2006）[3]、李传益（2007）[4]、李馨（2008）[5]等使用Longford提出的四种模型对汉语水平考试（高等）作文部分的评分进行调整，以减小分数的误差。经过调整之后的分数评分员之间的一致性程度有所改善，提高了主观评分的信度。

分数调整是减小分数误差的一种有效手段，构建汉语口语测试评分员评价体系有助于对分数调整的方法提供更多信息，使分数调整更加准确高效。

---

[1]　Longford, T., 1995 *Models for Uncertainty in Educational Testing.* New York: Springer-Verlag New York, Inc.

[2]　陈菊咏：《评分员间信度LONGFORD方法计算和实验研究》，北京语言大学硕士学位论文，2003年。

[3]　马春燕：《用LONGFORD方法对主观评分中的异常分数进行分数调整》，北京语言大学硕士学位论文，2006年。

[4]　李传益：《HSK（高等）作文考试分数调整——评分员残项调整模型的应用》，北京语言大学硕士学位论文，2007年。

[5]　李馨：《用Longford方法对HSK作文分数进行调整——Longford四种分数调整方法的比较研究》，北京语言大学硕士学位论文，2008年。

3.4.4 研究

构建汉语口语测试评分员评价体系的最后一个作用是研究。语言测试是应用语言学的一个分支，研究如何准确、有效地测量人的语言能力。口语考试是测量应试人口语水平最直接的手段，是一种非常重要的语言测试方式。汉语口语测试的评分员是口语测试活动主体，在测试活动中是最活跃的一个因素，主观测试活动的成败很大程度上都取决于评分员。对评分员的研究是语言测试中一个热点领域，在经典测试理论中一般使用评分员间信度系数研究不同评分员之间的差异，在概化理论的研究中评分员也是大家公认的一个分数误差的主要来源，近年来在项目反应理论中也出现了用于主观评分的模型，出现了很多关于主观评分中如何控制误差的研究。

对评分员的研究是对人的研究，还涉及心理学、管理学等其他科学领域，不仅仅局限于语言学领域。评分员的特点决定了对评分员的评价是比较特殊的。评分员是一个兼职群体，大部分评分员平时都有自己的工作，有的是教师，有的是播音员或主持人，有的是机关工作人员，他们只在有口语测试的时候才从事评分工作。但是评分员从事的工作的又是专业性很强的工作，社会各界对评分员的要求都比较高。除了要求评分员有较高的测评能力之外，还需要评分员做到在测试活动中不徇私情、杜绝"走后门"现象。评分活动多在周末开展，所以评分员还要乐于奉献。可以说，评分员队伍是一个非专职化的队伍从事专业性很强的工作。所以，从管理学角度来讲对评分员的评价是一个值得深入研究的特殊课题。

总之，构建汉语口语测试评分员评价体系能推动应用语言学的学科，特别是为语言测试学科的发展提供一个新的研究视角。同时构建汉语口语测试评分员评价体系还能为相关学科领域的发展提供研究资料。

3.5 理论来源

3.5.1 人力资源管理理论

对评分员进行评价对人的测评和考核，这是一项复杂的工作，不仅需要测试学的理论支持，还需要管理学理论的支持，特别是人力资源管理理论的支持。"人力资源"这一概念早在1954年就由彼得·德鲁克在其著作《管理的实践》提出并加以明确界定。20世纪80年代以来，人力资源管理理论不断成熟，并在实践中得到进一步发展，为社会所广泛接受。在人力资源管理理论中，人力资本价值评估领域的理论对构建汉语口语测试评分员评价体系有所助益。

20世纪60年代人力资本理论诞生后，逐渐引起众多学者对该领域的深入探讨和研究。综观当前人力资本价值评估的思路，可以分为货币性评价和非货币性评价两大类，其中货币性评价又可从两个角度考虑：一是从投入角度进行评估，侧重于人力资本价值存量的分析；二是从产出的角度，通过构建绩效报酬机制，对人力资本价值进行流量分析。[①]我们认为货币性评价的两种思路都不适合用来评价汉语口语评分员，因为当前口语测试的评分员很少是某个测试实施机构的专职评分员，测试机构对评分员的培养投入有限；第二汉语口语测试事业不是一项营利的项目，而是为了满足社会对汉语口语事业的需要而发展起来的，相关的科研机构对测试事业投入资金及人员，但并没有明确经济利益的目标和追求经济利益的动因。

因为货币性评价本身存在一些缺陷，而且并不适用于所有的人力资源评

---

① 王佳：《大学校长综合评价体系研究》，南京航空航天大学硕士学位论文，2009年。

价领域，所以很多学者试图超越货币计量的定势思维，采用非货币性计量的思路评估人力资本价值，将一些比较成熟的定量分析方法引入人力资本价值评估，拓宽了研究思路。在此种背景下，期权综合模型、因子方法、模糊综合评价法等评估方法应运而生，这些方法不仅开创了非货币评估的新思路，而且使人力资本价值评估的可操作性大大加强[1]。我们认为，与货币性计量相比较而言，对评分员的考核和评价更适用于非货币性计量。

目前，汉语口语评分员的评价领域尚未见到使用人力资源管理理论的研究。仅有的几篇关于评分员评价体系构建的论文基本上是从实践经验出发，总结归纳了评价评分员时应涉及的指标和方面，更多的研究集中在评分员应具有的素质和在评分活动中的角色形象分析上。

通过分析汉语口语评分员的特点，我们认为社会对评分员的要求和对教育行业的管理人员类似。既要求评分员有较高的专业水平，又要求评分员具有较高的道德素养，还要求评分员吃苦耐劳、廉洁奉公。所以我们搜集整理了关于大学校长的研究，应用现代人力资源管理理论研究大学校长评价的文献不多，其中比较有代表性的有吕继臣（2003）[2]、苗庆红（2006）[3]、姜懿伟（2006）[4]、王佳（2009）[5]等。

其中姜懿伟（2006）和王佳（2009）的研究有较大的参考价值。姜懿伟（2006）结合我国高校高管人员管理和建设的实际情况，分析了现有高管人员绩效考评的现状和存在的主要问题，提炼出一套绩效考评指标及相应的权重。

---

[1]　邵铁柱、初田辉：《模糊综合评价在人力资本价值计量中的应用》，《哈尔滨理工学报》，2002年第1期，第73—76页。

[2]　吕继臣：《论高校人力资本的评估与定价》，《辽宁财专学报》，2003年第1期，第5657页。

[3]　苗庆红：《职业校长人力资本定价研究》，《教育发展研究》，2006年第16期，第61—64页。

[4]　姜懿伟：《高等院校高级管理人员绩效考评研究》，华中科技大学硕士学位论文，2006年。

[5]　王佳：《大学校长综合评价体系研究》，南京航空航天大学硕士学位论文，2009年。

他认为高校高管人员的评价应从德、能、勤、绩四个方面来进行，并在一级指标下设置了12个二级指标和39个三级指标。王佳（2009）在姜懿伟（2006）研究的基础上提出对大学校长评价的前提假设和评价原则，使用调查问卷法和访问法确定大学校长综合评价指标要素，该指标要素包括素质、能力和绩效3个一级指标、16个二级指标、75个三级指标，并逐一阐明各指标要素。在确定各级指标的权重时采用德尔菲法，邀请高校领导班子成员填写调查问卷，确定了大学校长综合评价指标权重，设计出对应的大学校长综合评价表。

总之，不论是对汉语口语评分员的评价还是对大学校长的评价，都是针对人力资本的评价。人力资本与物质资本不同，人力资本的价值不在于自身，而在于可以创造价值。人力资本创造价值的大小取决于其动机的强弱、能力的高低、经验的丰富程度等。对人力资本的评价不仅着眼于自身内含的价值，更应注重其创造出的实际价值。汉语口语测试评分员创造的价值能够物化的部分不多，更多的是由测试活动对应试人的影响。应试人通过测试活动不仅知道了自己的汉语口语水平，还培养了应试人学习汉语的兴趣。评分员对应试人的评分有助于应试人成为汉语口语领域的人才，这些应试人又能创造新的价值，继续人力资本向物质资本的转化，但是对这些后续的物化的人力资本不易统计，统计这些资本需要的人力、物力以及时间成本都是短期内无法实现的。所以人们对大学校长的评价主要集中在对可视度较高的业绩上，也就是现实的业绩上，即由劳动创造的价值上。同理，我们对汉语口语测试评分员的评价也集中在评分员在从事评分活动时创造的显性业绩上。

3.5.2　系统论

我们所讲的系统论指的是一般系统论，是研究系统的一般模式、结构和规律的学问，它研究各种系统的共同特征。系统论的基本观点是系统是由各种要素构成的，但并不等于各种要素相加之和，系统整体的性能大于各种要素的性能之和。系统中的各要素之间存在各种各样的联系，各种要素之间相互作用、相互依存。系统具有整体性、关联性、等级结构性、动态平衡性、时序性等特征。

运用系统论的思想分析问题，就是把对象当作一个系统，而不是一个孤立的个体，分析组成系统的要素、各种要素之间的关系和系统整体的功能以及要素和系统的变化规律。

系统论为我们研究问题提供了一个独特的视角，特别是我们研究复杂事物时可以以系统的观点来观察和分析事物。应用系统论的观点分析汉语口语测试评分员的评价体系可以看出，汉语口语测试评分员的评价体系是一个系统，包含多种因素、多种层次，结构比较复杂。以系统论的观点构建汉语口语测试评分员的评价体系，要做到以下几点：

第一，要注重汉语口语测试评分员的评价体系中各个评价指标的综合性。系统具有整体性的特征，整体性指的是虽然系统是由要素或子系统组成的，但系统的整体性能可以大于各要素的性能之和。因此在处理系统问题时要注意研究系统的结构与功能的关系，重视提高系统的整体功能。任何要素一旦离开系统整体，就不再具有它在系统中所能发挥的功能。我们在构建汉语口语测试评分员的评价体系时，要全面考察评分员的情况，从综合的角度进行评价，不能因某一方面过强或者过弱而影响对其他方面的评价，更不能因为某一方面而影响对评分员的总体评价。系统还具有关联性的特征，关联性指的是系统与其子系统之间、系统内部各子系统之间和系统与环境之间的相互作用、相互依存的关系。离开关联性就不能揭示复杂系统的本质。构建汉语口语测试评分员的评价体系不能过分强调某类评价指标，不能强调各类评价指标的独立性，而应强调各种指标的关联性，综合评价评分员。

第二，要注重汉语口语测试评分员的评价体系中评分员的动态变化。系统具有动态平衡性的特征，动态平衡性指的是系统以及系统内的各个因素无时无刻不处于变化和发展中，但系统同时又处于一种相对平衡状态。当系统处于相对平衡状态时，这些变化和发展属于"量变"，当各种量变积累到一定量时，系统或各个要素就会发生质变。根据这些特点，我们构建汉语口语评分员的评价体系时要做到充分体现动态性和发展性。例如在设计评估指标时，可加强反映动态发展的指标权重，还可以设计一些可以反映评分员潜在能力的指标，力争全面准确地反映汉语口语测试评分员的真实水平。

3.5.3　人才测评理论

人才测评是指通过一系列科学的手段和方法对人的基本素质及其绩效进行测量和评定的活动。人才测评的具体对象是作为个体存在的人的内在素质及其表现出的绩效[1]。人才测评包含两大部分，即人才测量和人才评价。人才测量的主要方式是通过各种量表、问卷等对人的基本素质、绩效等进行定量分析；而"评"则是对测量的定量结果进行综合定性分析，定量分析是定性分析的基础。人才测评是了解测评对象的一种手段，目的是为对测试对象的管理决策提供参考和依据。人才测评的主要方法有履历分析、纸笔考试、心理测验、情境模拟和评价中心技术等。

人才测评理论的发展得益于心理测验运动的兴起。[2]英国人高尔顿于19世纪末尝试测量人的智力，用来研究智力和遗传的关系，在此基础上提出了"相关"的概念。高尔顿关于智力测量的研究成果经由卡特尔传入美国，卡特尔将高尔顿的成果和德国心理学家冯特关于智力测量的成果结合起来，应用于美国大学生的心理测验。1905年，法国人比奈和西蒙发表了"比奈—西蒙

---

① www.hudong.com/wiki/%E4%BA%BA%E6%89%8D%E6%B5%8B%E8%AF%84

② 王佳:《大学校长综合评价体系研究》，南京航空航天大学硕士学位论文，2009年。

智力量表"，使用该量表成功测量儿童的智力水平，这是心理测验历史上第一个测验①。第一次世界大战后，比奈—西蒙测验已在世界的大多数地方得到使用②。"二战"时期，此种测评方法被英国陆军和英国文官委员会借鉴和采用；美国中央战略情报局在二战中为选拔训练出色的特工人员，创造性地将情景模拟方法用于测评程序之中，促进并发展了这种人才测评的方法。"二战"之后，此类测评方法被广泛用于政府机构及工商企业各界的人才选拔与评价，形成了一门融心理学、行为学、测量学、统计学、管理学、社会学及计算机技术于一体的综合学科③。

当前各级测试实施机构在评价汉语口语评分员时，有些测试实施机构通过"统计测试工作安排记录、评分员出勤记录、巡查员巡查记录、受测人反馈记录、省语委办复审记录、省市语委办信访记录以及参加学习、培训、会议等日常工作记录，对受聘评分员履行职责情况进行考核"④，这种考核方式是对评分员的履历分析，也属于心理测评的一种；有的测试实施机构还组织评分员进行自我总结和小组评议⑤，这是心理测评中的评价中心技术；还有的测试实施机构让评分员模拟测试情境进行试评分，这属于测评技术中的情境模拟。可以说，各级测试机构在评价评分员时都自觉或不自觉地使用了心理测评技术。

心理测验是心理测评中的重要理论之一，心理测验的理论和技术目前也

---

① 陈国鹏：《心理测验与常用量表》，上海科学普及出版社，2005年版，第1页。

② ［美］B.R.赫根汉：《心理学史导论（上册）》，华东师范大学出版社，2004年版，第459页。

③ 王佳：《大学校长综合评价体系研究》，南京航空航天大学硕士学位论文，2009年。

④ 燕山大学普通话水平测试辅导站：《燕山大学普通话评分员队伍建设管理与考核办法》，www.ysu.edu.cn

⑤ 燕山大学普通话水平测试辅导站：《燕山大学普通话评分员队伍建设管理与考核办法》，www.ysu.edu.cn

已发展得比较成熟。心理测验领域中的量表技术，不仅可以测量感觉、知觉等低级心理特质，也可以测量高级的心理特质，例如智力、性格等。量表也适用于对大规模的人群进行测试。评价汉语口语测试的评分员，主要是测量评分员的测评能力并评价其测评能力的高低，测评能力也是一种心理特质，所以可以编制有关测评能力的量表来测量评分员的测评能力，从而为评价评分员积累可靠的材料。

3.5.4　语言测试理论

语言测试是应用语言学的一个分支，主要研究如何测量人的语言能力，如何把人的语言能力进行量化。研究对象的特殊性决定了语言测试是一门交叉学科，融合了人文科学和自然科学的精神与方法。语言测试的研究，离不开语言本体研究，使用的研究方法借鉴了教育统计学、心理测量学以及认知科学等其他学科的研究方法，具有实证科学的特征。

语言测试的历史可以追溯到19世纪末20世纪初。1961年，Robert Lado出版著作《语言测试——外语测验的开发与使用》（*Language Testing：The Construction and Use of Foreign Language Tests*），这是第一部全面介绍和讨论语言测验的专著，标志着语言测试成为一门独立学科。Robert Lado因此被认为是现代语言测试的创始人。语言测试中衡量一个测验是否科学，通常有两个指标，即信度（reliability）和效度（validity），效度和信度是语言测试的根本要求[①]。

在汉语口语测试实践中，对评分员评分质量的评价是根据评分员和经验丰富的专家的评分之间的差异来确定的。如果一个评分员的评分和专家相差

---

① 李筱菊：《语言测试科学与艺术》，湖南教育出版社，1997年版，第33页。

较大，我们可以认为这名评分员的评分质量较差，如果他们之间的差距较小，那么说明评分员的评分质量较高。评分员和专家的评分差异实质上是信度的一种形式。主观考试的信度主要指评分员间信度（inter-rater reliability），又称作"评分员间一致性"，指的是同一评分员内部或不同评分员之间对测验结果计分上的一致性[①]。

使用信度作为评价评分员的指标有利有弊，最大的优点是操作简便，易于理解。但测试实践中使用信度作为评价指标也有缺点，一是评分员为了避免和其他评分员差异过大，信度过低，给应试人的分数往往比较保守。当一组评分员给同一个应试人的分数都过于保守时，我们得到的信度系数很理想，可是应试人的能力却没有被准确评估。其次，当需要评价所有评分员的评分质量时，专家要对每一个评分员的评分进行复评。对于普通话水平测试而言，全国的评分员有5万余人，要评价每个评分员的评分质量，使用专家复评的方法任务量非常大，几乎是不可能完成的。

钱华[②]总结了现阶段PSC评分员考核工作中主要存在以下问题：考核的指标不科学，缺乏全面性和整体平衡性；重视年度考核，忽视平时考核；考核程序不规范，考核结果未能真实反映评分员的工作业绩；不重视考核结果反馈或反馈方式不当。

评分员的评分质量对于主观考试至关重要，是保证测试信度和效度的重要方面。评分员评分质量高，分数才能代表应试人的实际口语水平；如果评分员的评分质量差，分数就不能反映应试人的口语水平，就会削弱整个测试

---

①　汪顺玉、吴世银：《评分员信度的多系列相关分析方法原理及运用》，《重庆邮电学院学报（教育科学版）》，2006年第6期，第945页。

②　钱华：《普通话水平评分员综合考核指标体系构建研究》，国家语言文字工作委员会普通话培训测试中心编，《第二届全国普通话水平测试学术研讨会论文集》，商务印书馆，2006年版，第81页。

的效度。现在汉语口语测试中使用信度指标来评价评分员评分质量，并不能真实地反应评分员评分的实际过程。

近年来，随着认知科学和现代测量理论的发展，人们在技术上有可能对评分员评分的过程做出更细致分析。项目反应理论（item response theory，简称IRT）、概化理论（generalizability theory）以及新近出现的一些模型，例如潜在类别信号检测模型（latent class signal detection model）等都可以对分数变异的进行进一步分解。我们认为这些研究有助于评分员评价的研究。目前国外对主观测试的研究多从新模型出发，专注于模型参数的估计，没有系统的评价评分员的理论体系，另外，这些研究大多使用英语或者德语的作文测试作为研究材料，针对口语测试的研究还不多见，更没有针对汉语口语测试的研究。

3.6 本章小结

本章阐述了构建汉语口语测试评分员评价体系理论问题，包括建立评分员评价体系的目的、原则、作用以及构建评价体系的理论来源。

我们建立口语测试评分员评价体系的目的是为了衡量汉语口语测试评分员的评分质量，通过测评引导评分员提高自身素质、从而保障口语测试的信度和效度。以此为指导思想构建汉语口语测试评分员评价体系时要遵从几个原则：导向性、人本性、科学性、系统性、操作性和激励性。对评分员的评价是对人的评价，对评分员的评价既要体现对评分员的尊重，还要能够反映评分员的真实情况，同时还不能过于复杂，能够应用于测评实践，从而达到引导评分员提高测评能力的目的。

一个好的评分员评价体系可以用于优秀评分员的选拔、对评分员的诊断性评价、对口语测试分数的调整等，不仅可以推动应用语言学的学科研究，对相关领域例如心理学、管理学等学科的研究也有促进作用。

　　评分员角色的多样化决定了对评分员的评价是一个系统性工作，需要借鉴各个相关学科的研究成果、从多个角度进行评价。对评分员的评价涉及人力资源管理、系统论、人才测评和语言测试等多个领域。综观当前人力资本价值评估的思路，可以分为货币性评价和非货币性评价两大类。我们认为对评分员的评价应遵从非货币性评价的思路，使用人才测评领域的方法进行评价。评价指标的设计要体现语言测试学科对测试信度、效度的要求。在构建评分员评价体系的几个理论来源中，语言测试理论是最重要的。根据"绩效为主"的评价原则，评价一个评分员主要是评价其评分质量，对评分员的评分质量进行评价主要依据语言测试理论来实现。

第4章　研究假设

4.1　引言

现有的汉语口语测试评分员评价体系还不统一，还没有形成统一的评价规范。有鉴于此，本章从构建评价体系的基本研究假设出发，在对现有评价体系进行对比分析的基础上，借鉴人力资源管理中"考绩为主"的观点，尝试构建汉语口语测试评分员评价框架。在此基础上，对该框架中的"绩效"评价体系的构建进行深入探讨。

4.2　评价体系研究的前提

构建科学合理、系统全面的汉语口语测试评分员评价体系，是正确评价评分员的前提和基础。人力资本的价值体现在自身内含的价值和创造出的价值两个方面，汉语口语测试评分员评价体系也应能够充分揭示这一规律，并达到以上两者间的协调统一。为此，我们从以下几个前提条件出发来构建汉语口语测试评分员评价体系。

4.2.1　评分员的价值可量化

评分员的脑力、体力、知识储备、工作积极性等内在价值难以量化，但其内在价值的外显形式可以用一些指标来衡量，是可以计量的。我们假设评分员的内在价值可完全转化为外在的形式，评分员的评分过程中的外显表现可代表评分员的内在价值。

4.2.2 评分员价值是稳定的

评分员的价值是不断变化的，这是和其自身素质有关的，评分员的工作态度可能会发生变化，知识结构也可能会不断更新，测评经验会不断积累。我们假设在某一段时间内评分员的价值是保持恒定的，评价的结果在此段时间内可以反映评分员的真实价值，而不考虑知识老化、更新等不确定因素对评分员价值的影响。

4.2.3 评分员价值可正常发挥

在实际的口语测试中，评分员价值有时可能不能正常发挥。我们假设在评价评分员过程中，评分员价值的发挥，不受一些外部因素的影响，包括测试的组织形式、评分员与所在测试站的适应程度，以及非正常事件的发生等因素的影响。我们假设：评分员评分过程中的不同表现完全是由其内在价值的不同引起的，评分员的表现代表了评分员的价值。

4.3 评分员评价体系的构建

4.3.1 现有评分员评价体系述评

在汉语口语测试评分员评价的研究中，普通话水平测试评分员评价研究最为全面。在测试实践中，《国家语言文字工作委员会关于普通话水平测试管理工作的若干规定（试行）》第十一条规定了对普通话水平测试评分员的考核内容有以下几项：工作态度、测试能力、测试工作量、遵守工作纪律情况等[①]。各地依据此条规定制定了符合各地实际情况的评价考核细则。在此研究领域中，以毛立群（2003）、钱华（2004）等为代表的相关研究为普通话水平测试中格的测试员评价制订了较详细的指标体系。

关于汉语水平考试（HSK）研究比较少，也比较零散。这和汉语水平考试（HSK）高等口试评分员的现状有关，高等口试评分员数量不多，流动性强，且评分员背景较为同质，因此在评分实践中，测试机构对评分员的管理比较简便，目前还没有专门关于评分员评价的研究。

在我国人力资源评价中，一直有"德、能、勤、绩、廉"五项考核指标的说法。2007年1月4日颁布的《公务员考核规定（试行）》也以此五点为基础。

> 第四条，对公务员的考核，以公务员的职位职责和所承担的工作任务为基本依据，全面考核德、能、勤、绩、廉，重点考核工作实绩。德，是指思想政治素质及个人品德、职业道德、社会公德等方面的表现。能，是指履行职责的业务素质和能力。勤，是指责任心、工作态度、工作作风等方面的表现。绩，是指完成工作的数量、质量、效率和所产生的效益。廉，是指廉洁自律等方面的表现[②]。

---

① 宋欣桥编：《普通话水平测试员实用手册》，商务印书馆，2004年版，第22页。

② http://www.mohrss.gov.cn/Desktop.aspx?path=mohrss/mohrss/InfoView&gid=ca15790a-db4c-4f63-8b0d-8e1749c723c8&tid=Cms_Info

　　这种评价标准看似合理，在操作中却不易实现。谢小庆（2009）认为，从人力资源管理科学的角度来看，"德、能、勤、绩、廉"的指标体系是不能成立的[①]。这么说主要有以下三个理由：

　　第一，"绩"与"德、能、勤、廉"不是一个层面的特征，不能并列。个性（personality）特征和认知（cognition）特征是人员评价的两个基本维度[②]。"德"和"能"属于个人的心理特征，"绩"属于是个人的行为结果。只有在一定条件下，"德、能"才能转化为"绩"。一个人要成为口语测试评分员，他的普通话水平高低是一个重要条件，但是也有的测试员自身普通话水平很高，却不能准确地为应试人评分；有的评分员，自身普通话水平不高，评分却很准确。有的语言学专业的学生，具有很多语言学的知识，不论语音知识还是测试学知识都很丰富，也不一定就能胜任口语测试评分员的工作。"绩"是"能"和"德"的外在表现，是一种评价个人"能"和"德"的途径和手段，而"能"和"德"是"绩"的基础。

　　第二，"勤、廉"和"德"不属于同一个层次，也不能并列。严格来讲，"勤""廉"是"德"的下位概念，是包含在"德"概念中的子概念。在现实生活中，我们经常把"勤"代表的"责任心和工作态度、作风"等也称为"职业道德"，把"廉"代表的"不徇私情、廉洁自律"等品质归于"个人品德"。可见，"勤""廉"是附属于"德"的概念，把此三者并列，相当于重复加大了"德"的考查权重。

　　最后，"考绩为主"的原则来自关于人事管理成功的经验总结，是国内外

---

① 谢小庆：《对考核评价指标体系的质疑》，《人力资源》，2009年第17期，第14—15页。
② 谢小庆：《对考核评价指标体系的质疑》，《人力资源》，2009年第17期，第14页。

人力资源管理学者们共同接受的原则[①]。可是，如果仅仅以"考绩为主"，就变成了"以成败论英雄"，这是远远不够的。这也是为什么在我国传统的人事考核中提倡"德、能、勤、绩、廉"并重的原因。在实际的人事考评中，在考绩之外通常还要辅之以考评和考试。谢小庆（2009）认为，考评包括主管上级写评语、同行评议、民意测验等，考试则是指要求被考查者在规定时间中完成一组规定的任务，据此推断他的能力[②]。

　　一个完整的、科学的评价体系框架，不仅应包含全面的评价标准，还应具有现实操作性。"德、能、勤、绩、廉"作为一种评价框架，自身指标设置有重叠，导致欠缺实际操作性，违反了我们制订汉语口语测试评分员评价体系的操作性原则。同时，在理论上此框架也不符合心理学和人力资源管理领域"考绩为主"的原则。"绩"是"德""能"的外在反映，是一种评价汉语口语测试评分员的有效途径。所以在实际的评价过程中，应以考绩为主，辅之以其他方式的考评和考试。在评价内容方面，评价体系应包括评分员个人的个性特征和认知特征。

　　以上对汉语口语评分员评价方式的改进如下图所示：

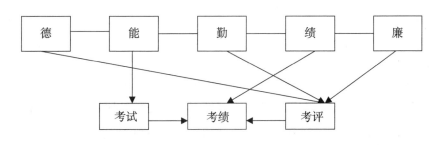

图4.1　人事评价体系框架的改进

---

①　谢小庆：《对考核评价指标体系的质疑》，《人力资源》，2009年第17期，第15页。
②　谢小庆：《对考核评价指标体系的质疑》，《人力资源》，2009年第17期，第15页。

图4.1中上面一行是传统的考核评价体系，包含有"德、能、勤、绩、廉"五个方面。其中，"勤"和"廉"属于"德"的下位概念，这三个方面共同归为考评，即对评分员个人道德和职业道德的评价；"绩"是评分员评价的主要内容，是"德、能、勤、廉"四方面的外在表现，是测查评分员这四个方面的途径和手段。

改进之后的评价体系包含三大方面：考绩、考试和考评，考绩是人力资源评价的中心，考试和考评处于次要位置。考试主要是对汉语口语测试评分员个人专业素质和基本能力的考试，即对原有框架"能"的考试。考评主要是对汉语口语测试评分员道德修养和个人工作态度的考查，即对原有框架"德、勤、廉"的考核评价。其中，考试和考评是考查汉语口语测试评分员的内在价值的，而考绩是考查汉语口语测试评分员的外显价值，考查的是内在价值的外在表现。一个好的汉语口语测试评分员，不仅应具备以上几个方面的素质和能力，还应具有把内在价值"德、能、勤、廉"等四方面转化为外在价值"绩"的能力。

4.3.2　评分员评价体系框架

汉语口语测试的评分员具有双重性，一方面社会各界对评分员的期望很高，圆满地完成测试任务也对评分员提出了很高的要求，另一方面评分员是一支兼职化、松散型的人员。这种现状使得对评分员的评价和考核显得至关重要。我们总结了现有的汉语口语测试评分员评价研究和测试实践中的宝贵经验，同时也吸收了人力资源管理评价中的研究成果，提出以下汉语口语测试评分员评价体系：

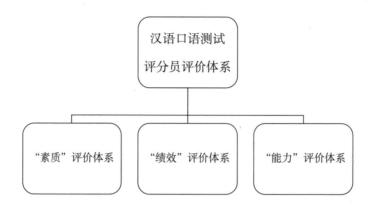

图4.2　汉语口语测试评分员评价体系框架

一个完整的汉语口语测试评分员评价体系包含三个部分："素质"评价体系、"绩效"评价体系和"能力"评价体系。

4.3.2.1　评分员"素质"评价框架概说

评分员"素质"评价主要包含了"德""勤"以及心理素质等方面，具体指的是评分员的政治立场和态度、敬业奉献精神、团队合作精神、廉洁自律情况、测试出勤情况、心理承受能力以及情绪的稳定性等。这些指标是整个评价体系的基础和起点，是从事任何一份工作都必须具备的基本素质，但是这些指标不易量化，定性定量都比较困难。对这些指标的细化可以借鉴人力资源中的相关方法，采用专家访谈和问卷调查的方式确定"素质"评价包含的二级指标和三级指标。

我们设想一个完整的汉语口语测试评分员"素质"的评价体系，应包含如下指标：

表4.1 汉语口语测试评分员"素质"评价指标

一级指标	二级指标	三级指标
素质A1	思想素养B1	政治立场态度C1
		敬业奉献精神C2
		团队合作精神C3
	工作态度B2	廉洁自律情况C4
		测试出勤情况C5
		科研活动情况C6
	心理素质B3	心理承受能力C7
		情绪的稳定性C8

设计好评价体系的指标之后，接下来的工作是确定各个二级指标、三级指标的权重。常见的确定评分指标权重的方法有：主观加权法、专家打分法、层次分析法、德尔菲法（Delphi法）等，最常用的是德尔菲法和层次分析法[1]。

德尔菲法又称为专家函询调查法，是充分开发和利用专家的潜在信息资源预知未来的一种方法。德尔菲法依据系统的程序，采取匿名发表意见的方式，即专家之间不得互相讨论，不发生横向联系，只能与调查人员发生关系，通过多轮次调查专家对问卷所提问题的看法，经过反复征询、归纳、修改，使专家的意见趋向一致，最后根据专家的综合意见，对评价对象做出评价的一种定量与定性相结合的预测、评价方法。德尔菲法的匿名性、反馈性和量化性等特点使它成为一种最为有效的判断预测法，不仅可以用于预测领域，而且可以广泛应用于各种评价指标体系的建立和具体指标的确定过程[2]。

采用德尔菲法的优点是比较可靠，这种方法的结果来自多位专家，因此比其他方法更为科学、客观。这种方法的缺点是操作步骤稍显繁琐，因为需

---

[1] 王佳：《大学校长综合评价体系研究》，南京航空航天大学硕士学位论文，2009年，第27页。

[2] 王佳：《大学校长综合评价体系研究》，南京航空航天大学硕士学位论文，2009年，第28页。

要聘请专家、需要协调各位专家，并需要来回反复几次才能得出最终结果。相比较层次分析法，德尔菲法的操作还是较为简便的，因此我们优先选用德尔菲法来确定各个指标的权重。

4.3.2.2 评分员"能力"评价框架概说

评分员"能力"评价体系。对于传统评价标准中的"能"，对于评分员这个特定群体来说，"能"具体指的是普通话知识、现代汉语语言学理论知识以及评分员的普通话水平等。评分员的普通话水平通过"普通话水平测试（PSC）"可以量化，而评分员的普通话知识和现代汉语语言学理论等目前还没有专门的评价手段。对评分员"能力"的考核评价，可通过开发"评分员能力测验"来量化评分员的普通话和现代汉语语言学知识水平。值得注意的是，该测验针对的目标团体包括申请评分员资格的人和已经具有评分员资格、需要进行考核评价的评分员。

我们设想一个完整的汉语口语测试评分员"能力"的评价体系，应包含的指标如表4.2所示。

表4.2 汉语口语测试评分员"能力"评价指标

一级指标	二级指标	三级指标
能力A2	普通话知识B3	语音知识C8
		词汇知识C9
		语法知识C10
	现代汉语语言学理论B4	语音学理论C11
		词汇学理论C12
		语法学理论C13
		方言理论C14
	普通话水平B5	语音规范程度C15
		词汇规范程度C16
		语法规范程度C17

以上三级指标还可以细化，继续分析为四级指标、五级指标。指标B5可使用普通话水平测试（PSC）来考查。B4和B5可以使用"评分员能力测验"来考查，因为是对客观知识结构的考查，我们可以使用客观测试，即选用多项选择题题型。客观测试评分比较简单，使用多项选择题，可以使用阅卷机评分，较适合大规模测试，具有很高的效率。

开发一个新的测验可遵照以下步骤来进行：

1. 确定目标团体；

2. 确定测验目的；

3. 确定测验内容；

4. 确定测验方式和卷面构成；

5. 确定评分方法和分数体系。[①]

"评分员能力测验"设计至此已经完成了步骤1—3。其余步骤可聘请专家完成。

4.4 评分员"绩效"评价体系的构建

评分员的"绩效"是指评分员在汉语口语评分活动中产生的工作业绩。评分员"绩效"指的是评分员能圆满地完成应该承担的工作任务，创造出一定的经济效益和社会效益。工作绩效是个人的思想和能力见之于客观行为的结果，是其思想品德、政策水平、工作能力以及努力程度等因素在实践终端

---

① 张凯：《语言测验理论与实践》，北京语言文化大学出版社，2002年版，第32—38页。

的反映[1]。"绩效"是评分员创造的外在价值，具体指的是评分质量，在对评分员进行评价的各种指标中，评分员的评分质量是最难以量化评价的。

我们认为一个好的评分员，应能较好地完成测试任务。不仅要完成一定的评分数量，更重要的是评分质量应该比较高。汉语口语测试评分员的评分质量高，意味着评分过程中的误差少。开发和使用一个语言测试的基本关注点是发现测量交际语言能力过程中的潜在误差来源，同时将这些误差因素对测量的影响降到最低[2]。如果评分员评卷的数量很多，完成了很多评分任务，但是他的评分质量不合格，那么数量再多无效的。

本文将使用现代测量理论主要是项目反应理论（item response theory），尝试量化评分员的评分质量，为评价评分员提供测量学方面的理论支持。对汉语口语测试评分员评分质量的评价，有助于我们了解评分结果中的误差成分大小，从而对汉语口语测试的结果分数进行调整，对评分员进行后续培训等，通过这些手段缩小评分误差，保证汉语口语测试的信度和效度。

4.4.1　现有评分员"绩效"评价方式述评

在本部分的研究中，我们将评分员"绩效"操作性地定义为评分员的评分质量。评价评分员"绩效"就是对评分员的评分质量做出评价。现有的主观测试中，对评分员评分质量进行评价的方式主要有以下三种：

一种评价方式是以有经验的测评专家对应试人的评分结果作为评价标准。在普通话水平测试（PSC）中，测试机构聘请的视导员肩负评价测试员的任

---

[1]　王佳：《大学校长综合评价体系研究》，南京航空航天大学硕士学位论文，2009年，第24页。

[2]　Bachman, L. F., 1990. *Fundamental Considerations in Language Testing*, Oxford University Press,

务。普通水平测试视导员的任职资格是：具有语言学或相关专业的高级专业技术职务、熟悉普通语言学理论，有相关的学术研究成果，有较丰富的普通话教学经验和测试经验。测试站每年度对测试员进行业务考核，考核依据是视导员对测试员测试打分的评定和省测试中心的复审反馈意见[①]。在汉语水平考试（HSK）高等口试中，每次评分活动设立专门的专家组。这些专家来自对外汉语教学专业或语言学专业，一直从事语言教学或汉语测试工作，具有丰富的测评经验。如果评分员的评分结果和专家的评分结果相差不远，我们认为该评分员的评分质量较高，如果评分员的评分结果和专家的评分结果相差悬殊，则我们认为该评分员的评分质量较差。不仅在汉语口语测试中，其他口语测验也普遍采用这种方式评价评分员，是一种较为普遍的评分员评价方式。这种评价方式是基于经典测量理论中的信度概念的。在经典测量理论中，主观测试的信度可用评分员内信度（inter-rater reliability）或评分员间信度（intra-rater reliability）来表示。信度越高说明分数中包含的误差越小，信度越低说明误差越大。专家评分结果和评分员评分结果对比这种方式实际是计算评分员间信度，并以专家的评分结果作为效标（criterion），即作为一个评价标准。

　　另外一种评价方式以应试人的笔试成绩作为评价标准。采用这种评价方式时，应试人除参加口语测试外，同时还参加笔试。以同一应试人的笔试成绩为效标（criterion），如果评分员对应试人口语的评分结果和应试人笔试成绩的相关不高，则我们认为评分员的评分质量不高；如果评分员对应试人口语的评分结果和应试人的笔试成绩具有高相关，则说明评分员的评分质量很高。大学英语专业四级口试和托福作文测试采用这种方式评价评分员。在大学英语专业四级考试中，如果发现某一组评分员所面试的学生成绩与笔试成

---

① 南通航运职业技术学院测试站：《普通话测试员考核办法》,www.ntsc.edu.cn

绩相关非常低，这就说明这组评分员中有人评分能力比较差。如有必要，会将这名评分员的评分结果作废，用另一个评分员的成绩[①]。在托福作文考试中，如果发现某位应试人的作文分数和他的笔试成绩相关比较低，则会对应试人的作文重新评分。这种方法的原理是语言能力一元化学说，这种理论认为，人的语言能力是一体化、不可分的。各种语言技能之间的相关很高，如果一个人的笔试成绩很高，那么他的口试成绩也会比较高。

测试实践中还有一种评价方式，即直接将评分员间信度（intra-rater reliability）应用在口语实践中。在口语测试实践中，一般有2—3位评分员为同一应试人评分。如果同组评分员间评分结果的相关系数较高，说明一组评分员对该应试人口语表现的评分比较一致，即评分员间信度较高。如果相关系数不高的话，说明该组评分员的评分不一致，则可能组中某位评分员的评分结果质量有问题。一般认为主观性的口语测试信度应在0.70以上[②]。汉语水平考试HSK（高等）采用过这种方式评价评分员：每次评分活动结束后，计算每组评分员间相关系数，以相关系数的高低来评价评分员的评分质量。评分质量高的评分员在下次评分活动时会优先考虑，评分质量差的评分员将被取消评分资格。

以上几种评价方式在测试实践中都有应用，但并不是没有改进和提升的空间，这些方法也存在一定的缺陷。

第一，这几种评价方式的效标（criterion）不可靠。这几种评价方式都基于经典测验理论中的真分数理论。在经典测验理论中，我们无法得知测验中代表应试人真实能力水平的真分数，只能以专家评分或其他评分员的评分结

[①]　文秋芳、赵学熙：《英语专业四级口试的可行性研究——总体设计与实施》，《外语界》，1995年第1期，第33页。

[②]　袁帅：《多面Rasch模型在HSK（高等）口语考试中的应用》，北京语言大学硕士学位论文，2010年，第3页。

果来代替。而在现代测量理论中，特别是项目反应理论（IRT）是可以估计出应试人的能力值的。如果作为效标（criterion）的专家或其他评分员的评分有问题，那么我们依此对评分员做出的评价就是有问题的。相比较专家组的评分和其他评分员的评分而言，使用项目反应理论（IRT）估计出来的应试人能力值可靠性更高。

另外，这几种方式的操作性稍显不足。第一种方式采用专家评分，需要聘请专家，相当于额外又增加了一位评分员，对于大规模的测试而言，实现起来比较困难，即使可以实现也很费时费力。第二种方式的适用范围有限，仅适用于口语测试作为一个分测验的情况，如果是单独的一个口语测试，像普通话水平测试（PSC），则无法获得可靠的应试人笔试成绩。再者，以应试人的笔试成绩作为效标（criterion）也有问题，笔试和口试还是有区别的。笔试成绩高并不能代表应试人口试成绩也高，同样笔试成绩低的应试人口试成绩也不一定低。

第三，使用这几种方式评价评分员容易造成评分员评分误差。评分员了解对评分员评价的方式后，经常会给应试人打一个"保险分"，也就是说评分员会较少使用评分量表两端的分数，也就是说会出现趋中效应。趋中效应是指在主观测试中既不打高分，也不打低分，评出的分数高度集中在量表中部的狭小区间内的现象。在主观评分中最容易出现这种误差类型。戴海崎、曹绍游曾调查江西省1987年高考试作文卷的情况，他们随机抽取的2700人样本统计，二类卷和三类卷占总数的86%，一类卷和五类卷合起来仅占6.6%，四类卷占7.4%，呈峰值极高的偏态分布。一般评分的时间越长，趋中效应越明显。据江西省1990年高考作文阅卷7月13日、14日和16日三天的抽样统计（样本数一千左右），平均分从22.69分（满分40分）上升为24.23分，标准差则从

7.67分降为5.97分，说明分数的离散程度越来越小，趋中倾向越来越严重[①]。出现这种情况的原因有二：评分员觉得以打中等分最为稳妥，另外评分活动中评分员连续作战、容易疲劳，出现了疲劳效应。

第四，使用这几种方式还可能导致对评分员的错误评价。第一种方式和第二种方式的统计学原理是计算相关系数（coefficient of correlation），相关系数是两列变量间相关程度的数字表现形式，或者说是用来表示相关关系强度的指标[②]。相关关系是一种共变关系。当恰好同组评分员的评分结果都有问题，比如说同时偏高或偏低，这时作为评分员间信度的相关系数值也很高，但并不能说明评分员的评分质量很高。使用这两种方式可能掩盖评分员的真实评分质量。

4.4.2 确定评分员"绩效"评价指标

评价评分员的评分质量，我们可以借鉴语言测试中关于评分员变异（rater variability）或者评分员偏差（rater bias）的研究。近年来在主观语言测验领域，关于评分员变异或者评分员偏差的研究很多，取得了丰硕的成果。McNamara（1993）认为评分员偏差主要以四种形式存在：

（1）某个评分员从总体上来讲比其他评分员更宽松，即评分员间宽严尺度的差异；

（2）某个评分员可能对某个特定的应试人群体、或在某些特定种类的任务上表现得更加宽松，而在其他应试人或其他任务上表现得更加严格；

---

① 章熊：《评分误差的调查及分析——大规模考试作文评分研究系列之一》，《中学语文教学》，1994年第6期，第3页。

② 张厚粲、徐建平编著：《现代心理与教育统计学》，北京师范大学出版社，2003年版，第119页。

（3）不同的评分员以不同的方式理解和使用评定量表；

（4）有的评分员在整个评分过程中，自身的内在标准能够保持比较好的稳定性，而有的评分员则稳定性比较差。[1]

4.4.2.1　评分员严厉度

McNamara（1993）中归纳的评分员误差的四种表现，有两种都谈到了严格和宽松的问题。同一个应试人的语言样本，如果严厉度高的评分员给他评分，他的分数可能就比较低；如果严厉度低的评分员给他评分，他的分数可能就比较高。有的评分员一贯对人要求严格，评分时表现得也比较严厉；而有的评分员对人对事则一贯宽宏大量，他评分时会对应试人的表现比较宽容。这是主观评分过程中的评分员的一种主要误差类型。人们很早就意识到了评分员的这种差异，用"harshness—leniency"，或者"leniency—severity"这两对概念指称评分员的这种差别，还有的研究直接用"severity"来称呼这种表现。汉语测试中，一般将此种评分员的差别译作"严厉度"，也称作"宽严度"等。

由于严厉度是评分员和其他评分员相比较得到的，如果在应试人较少的情况下，所有应试人由同组评分员评分，则严厉度对应试人成绩的绝对值有影响，但是对应试人的相对成绩没什么影响，即应试人的排序不会变化。但是在应试人较多的情况下，不同的应试人由不同的评分员评分，如果评分员在严厉度上有差异，应试人的绝对成绩和相对成绩都会发生改变。所以说，严厉度造成的误差是一种系统误差。

在汉语口语测试中，普通话水平测试和汉语水平考试（高等）口试的应试人都很多，参加评分的评分员人数也较多，评分员的严厉度是影响应试人

---

①　孙晓敏、张厚粲：《国家公务员结构化面试中评委偏差的IRT分析》，《心理学报》，2006年第38期，第164页。

成绩的一个重要因素。如果评分员过于严厉或过于宽松，都会引入测量误差。所以我们认为评分员的严厉度应该作为评价评分员的一个指标。

4.4.2.2　评分员一致性

McNamara（1993）归纳的评分员误差的四种表现中，表现（2）提到评分员的严厉度是变化的；表现（4）提到了评分员自身的内在标准的稳定性问题。Lumley和McNamara（1995）[1]的研究也发现评分员的评分质量会随着时间变化，而且这种变化是不持续的。Weigle（1998）[2]的报告也显示，比起有经验的评分员，缺乏经验的评分员更加严厉，并且一致性更差。

如果以经典测验理论中的真分数假设（见公式4.1）来表示，评分员严厉度是误差项E，表示评分员的评分结果偏离应试人真实口语能力的程度。这个误差项E并不是一成不变的，而是随着测试的实际情况在变化。

$$X=T+E;$$　　　　　　　　　　　　　　　　　　　　　公式4.1

其中X是观测分数，T代表真分数，E代表随机误差。[3]

在此研究中，评分员内部一致性操作化定义为评分员自身严厉度的稳定性，如果评分员的严厉度变化较大，则他的一致性比较差，如果评分员的严厉度变化不大，则该评分员的一致性较好。一致性强的评分员严厉度比较稳定，一致性低的评分员严厉度起伏较大。

---

① Lumley T. & McNamara T. F., 1995. Rater characteristics and refer bias: Implications for training. *Language Testing,12*.

② Weigle S. C., 1998. Using FACETS to model rater training effects. *Language Testing 15*（2）.

③ Bachman, L. F., 1990, *Fundamental Considerations in Language Testing*, Oxford University Press.

4.4.3 "绩效"评价指标的权重问题

确定了评分员"绩效"评价体系后，接下来我们似乎应该确定这两个评价指标的权重了。评分员评分质量指标和之前的评价指标不同，并不是越高越好，也不是越低越好。严厉度和一致性两个指标不能相加，它们之间不存在加权的问题。

根据我们对评分员严厉度分析，严厉度指标高，说明评分员太严厉，严厉度指标低，说明评分员太宽松。这两种情况下评分员的评分误差都很大，说不上哪个更好。我们理想的情况是评分员严厉度不高不低，正好合适。

一致性指标反映严厉度的稳定性。一致性越强，评分员的严厉度越稳定，一致性越弱，评分员的严厉度越起伏不定。一致性高，并不能说明评分员的评分质量高。如果一个评分员一致性非常强，严厉度也很高，他的评分结果中误差量也很高，同理，严厉度低的评分员如果一致性高，评分结果中的误差量仍旧很多。一致性差的评分员，严厉度在不断变化，他的评分质量有时高，有时低。

我们认为，一个完美的评分员，他的评分质量很高，评分结果中的误差很小，评分结果很接近应试人的能力值。这样的评分员严厉度稳定，一致性稳定。而一个评分质量差的评分员表现则有五种：

（1）严厉度高，一致性强。

（2）严厉度高，一致性弱。

（3）严厉度低，一致性强。

（4）严厉度低，一致性弱。

（5）严厉度适中，一致性弱。

严厉度和一致性是评价评分员评分质量的两指标。这两个指标是互补关系，单纯一个指标不能反映评分员评分的实际情况。使用这两个指标来评价

评分质量，不存在指标加权的问题。

4.5　本章小结

本章基于评价体系研究的基本假设，从理论和实践两个方面对汉语口语测试评分员评价的现状进行了分析和总结，认为现有的评分员评价体系既不统一，也没有经过深入研究，理论研究还比较薄弱。对评分员进行评价是对"人"的评价。我们从人力资源管理"考绩为主"的观点入手，构建了汉语口语测试评分员评价的总体框架。这个框架包含三个部分：素质评价、能力评价和绩效评价。

评分员的"素质"包括政治立场态度、敬业奉献精神、团队合作精神、廉洁自律情况、测试出勤情况、科研活动情况、心理承受能力和情绪的稳定性等8个方面。"考试"是对评分员"能力"的评价，这里所说的"能力"包括评分员对普通话知识、现代汉语语言学理论的掌握和普通话水平。我们对这些指标做了进一步的细化，力图概括评分员所应具有的能力和素质。三个部分中，对评分员的"考绩"是最为重要的，"绩效"评价是评分员评价框架的主体，"素质"和"能力"评价为辅。评分员的"素质"和"能力"是产生"绩效"的基础，对"绩效"的评价可以反映评分员的"素质"和"能力"。

评分员"素质"和"能力"是评分员自身的内在价值，"绩效"是评分员的外在价值。外在价值是由内在价值转化而来的，评价"绩效"是评价"能力"和"素质"的有效途径。

评分员的"绩效"主要体现在他的评分质量上，对评分员评分质量的评价是语言测试理论研究的领域。一个评分员的评分质量高，则他的评分结果可靠，误差少。评分质量低的评分员，评分结果不可靠，且误差大。本章以现代测量学理论的研究成果为基础，构建了以严厉度和一致性为指标的评分员"绩效"评价体系。这两个指标可以反映评分员的评分质量，可作为评价"绩效"的指标。这两个指标互为补充，无须加权。

第5章 评分员严厉度研究
——评分员"绩效"评价之一

5.1 引言

对评分质量的评价就是对评分员"绩效"的评价，我们使用严厉度和一致性来作为描述评分质量的指标。严厉度代表的是评分员在评分活动中的趋向性。同一个应试人的语言样本，不同的评分员会给出不同的分数。有的评分员倾向于给相对较高的分数，有的评分员倾向于给相对较低的分数。经典测验理论（CTT）无法衡量评分员的严厉度特征，本文使用项目反应理论（IRT）中的多面Rasch模型来研究评分员的严厉度，并检验了该模型量化评分员严厉度的有效性。

5.2 严厉度定义

严厉度，又被称为宽严度、宽松度等，英文翻译为"harshness—leniency"，或者"leniency—severity"，或"severity"。指的是主观测试评分员在评分活动中打分的趋向性。如果一个评分员在评分活动中倾向于给应试人较高的分数，则该评分员的严厉度较低；如果评分员倾向于给应试人较低的分数，则该评分员的严厉度较高。

　　严厉度是评分员的特征，和应试人无关。同一个应试人的语言样本由不同的评分员来给分，应试人得到的分数是不同的。这个现象说明分数中包含应试人口语能力引起的分数变异，同时也包含了评分员的特征引起的分数变异。评分员的严厉度可能和该评分员的性格特性有关系[1]，近年来的很多研究都说明，评分员的严厉度并不会因为统一的评分培训而彻底改变。

　　严厉度是评分员的持续特征。评分员的严厉度是一个复杂变量，是不会轻易改变的。在主观测试中，我们追求高信度的手段之一就是希望评分员评分结果一致。为了实现这个目的，经常采取的方法有评分前精心挑选评分员、统一培训评分员、增加评分员的数量，取多位评分员的均值作为最终得分，找专家进行复评、丢弃异常分数等等，这些措施可以提高评分员间评分的一致性，但也抹杀了不同评分员之间的个性特征。有研究表明，评分员经过培训以后信度一般都会提高，但是严厉度差异依然非常显著[2]。培训仅仅是让不同评分员对评分标准的认识统一，并不会改变评分员的严厉度[3]。即使评分员达到了一致，也是让他们对应试人语言表现的表面层次上形成一致，例如应试人的发音、拼写习惯等，而不是对应试人潜在语言能力形成统一认识[4]。刘建达（2005）认为，挑选评分员也不能改变评分员的严厉度差异[5]。

---

[1]　Lynch, B.. K,&McNamara,. T.F., 1998. Using G-theory and Many-facet Rasch measurement in the development of performnace assessments. *LanguageTesting*,15（2）

[2]　Kondo-Brown, K., 2002. A FACETS analysis of rater bias in measuring Japanese Second Language writing Performance. *LanguageTesting*,19（1）

[3]　Lunz, M.E., Wright, B.D., &Linacre,. M., 1990. Measuring the impact of judge severity on examination scores. *Applied Measuerment in Educaction* 3.

[4]　Charney D., 1984. The validity of using holistic scoring to evaluate writing: a critical over-view. *Research in the Teaching of English*. 18.

[5]　刘建达：《话语填充测试方法的多层面Rasch模型分析》，《现代外语》，2005年第2期，第159页。

综上所述，严厉度是评分员评分活动的趋向性，是评分员个人的一种持续的特征。

5.3　关于严厉度的研究

5.3.1　国外相关研究

评分员的严厉度不同会导致产生评分误差。Douglas（1994）通过对口试的录音材料进行话语分析（discourse analysis）发现：应试人在口试中的表现与他们的最终成绩并不一致。有的获得同样成绩的应试人语言水平并非完全相同，甚至存在低水平应试人反而得到高分的现象。他认为这种评分误差是由评分员严厉度的不同引入的。[①]评分员的严厉度水平会影响他评价应试人的能力。Cason（1984）等人指出，应试人的得分并不是仅代表其真实的能力水平，而是应试人能力水平和评分员特点的函数。这里所说的评分员特点就包括评分员的严格程度等。[②]

评分员的严厉度受哪些因素影响？根据研究显示，严厉度是一个极其复杂的变量，它可能受很多因素的作用，除了来自评分员个人性格的影响，也有口试任务类型以及难易程度的影响，还受评分标准的影响，此外还受一些随机因素，例如评分时间等的影响。Lynch 和 McNamara（1998）的研究证实：评分员的严厉度可能和他的性格有关系，受他个人特性影响。[③]Wigglesworth

---

[①]　Douglas, D., 1994. Quantity and quality in speaking test performance. *Language Testing. 11.*

[②]　孙晓敏、张厚粲：《国家公务员结构化面试中评委偏差的IRT分析》，《心理学报》，2006年第4期，第614页。

[③]　Lynch, B.K.& McNamara, T.F., 1998. Using G-theory and Many-facet Rasch measurement in the development of performance assessments. *Language Testing, 15（2）.*

（1993）的研究显示评分员的严厉度和测试任务的难易度有关，还跟评分规则和标准有关①。Lumley和McNamara（1995）的研究证实了评分员严厉度还可能跟评分的时间有关，在不同的时间段评分员的严厉度不同。而且评分员经过评分培训后的评分质量也在随时间发生变化。②

　　评分员严厉度是客观存在的，那么我们应该如何对待评分员严厉度，如何减少评分员严厉度引起的误差？毫无疑问，评分员严厉度是评分误差的一个来源。在现有的汉语口语测试模式下，消除评分员差异常用的方式之一是加强对评分员的培训，使评分员尽量在评分过程中保持一致。Lumley和Mc-Namra（1995）发现，评分员严厉度有很大变异，培训在一定程度上可以改善评分员严厉度之间的差异，但是不可能消除评分员的变异。Lumley和McNamra（1995）认为用多面Rasch模型或其他方法对分数进行调整可以改善评分员严厉度引起的误差。③此外，Kondo-Brown（2002）的研究显示：并非每个评分员经过培训以后信度都会得到改变，有的评分员培训后的严厉度差异依然非常显著，培训对评分员严厉度的作用是有限的。④

5.3.2　国内相关研究

5.3.2.1　普通话水平测试（PSC）中的严厉度研究

蔡玉枝（2001）提到普通话水平测试中存在评分员严厉度不同导致的误

---

　　① Wigglesworth, G., 1993. Exploring bias analysis as a tool for improving rater consistency in assessing oral interaction. *Language Testing*, 10（3）.

　　② Lumley,T.& McNamara,T.F., 1995. Rater characteristics and rater bias: implication for traing. *Language Testing*,12（1）.

　　③ Lumley, T.& McNamara, T.F.,1995. ibid.

　　④ Kondo-Brown, K.,2002. A FACETS analysis of rater bias in measuring Japanese Second Language writing Performance. *Language Testing*, 19（1）.

差现象:"不同的评分员对测试标准把握的宽严不等,有时会错等错级。究其原因,一方面,测试标准尚有不够完善之处,另一方面,不同的评分员对评分标准的理解也存在着差异,这就造成了实测中的宽严不等。"①揭示了"严厉度"现象的存在后,研究者以河南省普通话水平测试中的实际情况为例,分析了在普通话水平测试"读单音节词"、"读多音节词语"、"朗读短文"和"命题说话"四个题型中存在的严厉度不一致的现象。此研究是普通话水平测试研究中为数不多的明确提出"宽严度"问题的文献,但在这个研究中并没有提出对"宽严度"量化的方法,仍以传统的培训来统一评分标准。我们要注意的是,评分员宽严度的不同有很多种表现,甚至在不同的评分员身上、来自不同地域或国家的应试人身上都有不同的表现,试图对此类误差现象作穷尽性描述是一件非常困难的、难以实现的事情。对严厉度表现的分类有助于我们对严厉度问题的认识,但是对于减少评分误差以及提高评分可靠性的意义却很有限。

王晶、蒋尼华(2004)②是另一篇普通话水平测试研究中明确讨论宽严度问题的文献。他们首先分析了普通话水平测试(PSC)评分中"宽"与"严"的问题存在的客观因素与非客观因素,主张在测试过程中不能一概而论,必须将执行标准的原则性与实际操作的灵活性结合起来,并在实践中总结出了一套行之有效的把握宽严尺度,解决"宽严"问题的具体措施。这篇文章明确提出了普通话水平测试中评分员宽严度不一的两个典型现象:一是对不同的测试对象宽严尺度不同;二是评分员把握宽严标准的不一致性,包括同一评分员对不同题型宽严标准的不同,甚至还包括评分员在测试的不同时间段

---

① 蔡玉枝:《论普通话水平测试评分标准的把握》,《河南大学学报(社会科学版)》,2001年第4期,第90—91页。

② 王晶、蒋尼华:《普通话水平测试评分中"宽"与"严"的问题》,《湖南工程学院学报(社会科学版)》2004年第3期,第34—35页。

里宽严标准的不同。这和国外相关的研究结果是相似的，说明汉语口语测试中不仅也存在评分员严厉度不一的现象，而且严厉度的现象表现也很复杂，需要进行深入的研究。

饶清翠（2004）[①]以云南省大理学院的普通话水平测试管理为例，总结了测试实践中存在的问题，并提出了解决的办法。在谈到普通话水平测试存在的问题时，研究者提出"普通话口语水平的模糊性与把握标准宽严的一致性"存在问题。"模糊性"即语音评分标准的模糊性。提到如何解决测试实践中存在的这些问题时，研究者提出加强评分员管理，加强培训及后续培训还有对测试质量进行监控。但是在此研究中没有提出监控以及后续培训的具体措施及实施方式。

周秋莲、邓华（2008）[②]收集了实际测试中的数据，发现普通话水平测试评分员对不同等级的应试人宽严度不一，且同一个评分员对不同等级的应试人宽严度也不一致。研究者总结的原因有：评分员自身的心理原因、评分员听辨能力不同、是否参加培训、评分员自身的细心程度也不同。接着研究者还提出了应对措施：加强培训、加强考核、合理分配评分员、加强对评分员的督导和指导以及引入激励机制等。这篇文献首次提出可以通过合理分配评分员来达到消除测验误差的目的，这说明在合理分配评分员之前一定要有一个量化评分员严厉度的问题，说明对严厉度的测量和量化是非常有必要的。

---

① 饶清翠：《高校普通话水平测试科学管理之我见——以大理学院为例》，《大理学院学报》2004年第4期，第81页。

② 周秋莲、邓华：《评分员评分对普通话水平测试信度和效度的影响》，《黄石理工学院学报》2008年第3期，第83—86页。

此外，马圣霞等（2006）[①]、徐璇（2008）[②]等也都提到普通话水平测试中存在评分员严厉度不一的情况，影响了测试的信度，并提出加强培训等措施减少由严厉度引起的误差。

5.3.2.2　汉语水平考试（HSK）中的严厉度研究

在汉语作为第二语言的口语测试中，对评分员严厉度的研究情况主要关注如何量化评分员的误差。

罗丹（2008）[③]尝试对HSK（中级）口语考试的评分结果进行考察，主要针对评分员、评分员与考生的偏差和评分量表这个三个误差来源进行分析。HSK（中级）是HSK改进版系列考试之一，改进版考试分为初级、中级和高级三个级别，每个级别都有一个独立的口语测试。此项研究验证了HSK（中级）口语考试的评分体系与多面Rasch模型的拟合情况良好，并计算了各位评分员的严厉度，进而分析了评分员在评分中产生误差的原因。

袁帅（2010）[④]分析了2009年10月份HSK（高等）口语考试9位评分员的评分结果，考查HSK（高等）口试评分员的严厉程度、一致性程度以及对评分量表中各分数的使用情况。结果表明，评分员的严厉程度之间存在显著差异。评分员之间的一致性、评分员内部的稳定性和评分量表的使用均在可以接受的范围之内。

[①]　马圣霞、魏桂英、刘利波：《海南省普通话评分员队伍建设和管理刍议》，《琼州大学学报》，2006年，第3期，第48—49页。

[②]　徐璇：《浅谈普通话评分员队伍建设和管理》，《泰州职业技术学院学报》，2008年第2期，第30—32页。

[③]　罗丹：《多面Rasch模型在HSK（中级）口语评分检验中的应用》，北京语言大学硕士学位论文，2008年。

[④]　袁帅：《多面Rasch模型在HSK（高等）口语考试中的应用》，北京语言大学硕士学位论文，2010年。

　　这两篇文献是专门研究HSK系列考试口语评分员的，都涉及严厉度的测评。和普通话水平测试的严厉度研究相比，汉语水平考试口试部分关于评分员误差现象的分析研究不多，缺少一些实际测评的经验分析。这有可能和汉语水平考试口试部分评分标准、评分方法以及评分程序没有完全公开而且规模较小有关。难能可贵的是，这两篇研究文献采用了现在测量学界研究主观考试误差最常用的一种数学模型——多面Rasch模型（Many facet Rasch model，简称MFRM），为量化评分员的严厉度积累了经验，同时也检验了这个新模型和汉语口语测试的拟合情况。这两篇文献研究的评分员数量不多，都不到10名，是一种尝试性的研究。样本量的局限使得这些研究的可推广性还有待检验。

　　在HSK系列考试中的另一种主观测试类型——作文测试的研究中，也有一些关于评分员严厉度的研究。马春燕（2006）[①]、李传益（2007）[②]、李馨（2008）[③]等使用Longford提出的4种数学模型研究评分员的评分信度，此项研究也涉及了作文测试中评分员的严厉度，并对由评分员引起的评分误差进行了调整。田清源（2007）[④]分析了HSK（高等）作文考试的实际数据，研究涉及评分员的严厉度，并尝试消除评分员引起的评分员误差。这些研究的结果和方法对口语测验相关的研究有一定的借鉴价值，所使用的模型和研究方法可用于探索口语主观测验中的误差分析与控制。

---

　　① 马春燕：《用LONGFORD方法对主观评分中的异常分数进行分数调整》，北京语言大学硕士学位业论文，2008年。

　　② 李传益：《HSK（高等）作文考试分数调整——评分员残项调整模型的应用》，北京语言大学硕士学位论文，2007年。

　　③ 李馨：《用Longford方法对HSK作文分数进行调整——Longford四种分数调整方法的比较研究》，北京语言大学硕士学位论文，2008年。

　　④ 田清源：《HSK主观考试评分的Rasch实验分析》，《心理学探新》，2007年第1期。

5.4　多面Rasch模型

5.4.1　模型介绍

项目反应理论的基础假设是：应试人正确回答某道题目的概率反映了应试人某种潜在特质（latent trait）的水平，应试人的能力水平和测量所用的题目无关。在语言测试中，语言就是一种潜在特质。项目反应理论将数学函数应用于测量过程中，把题目的难度（p value）、区分度（discrimination）、猜测度（guessing parameter）等参数和应试人的能力参数定义在同一个模型中，题目参数不会因为应试人的变化而变化，参数不变性是项目反应理论和经典测试理论相比较最大的优点。

根据模型中题目参数的不同，项目反应理论的常用模型可以分为单参数模型、双参数模型和三参数模型。单参数模型估计应试人的能力参数时只考虑题目的难度参数，也称为Rasch模型，是由丹麦数学家Georg Rasch推导出来的。Rasch模型最简单的模型，完全是一个根据应试人能力与题目难度关系而导出的概率公式，并未借助于任何数学推导。[①]

$$p_{ni} = \frac{\exp(B_n - D_i)}{1 + \exp(B_n - D_i)}$$ 公式5.1

B_n代表的是应试人n的能力值；

D_i是题目i的难度值；

P_{ni}是应试人n答对题目i的概率值。

---

① 袁帅：《多面Rasch模型在HSK（高等）口语考试中的应用》，北京语言大学硕士学位论文，2010年。

对公式（2-1）进行数学转换，可以得到Rasch模型的函数表达式：

$$\log(\frac{p_{ni}}{1-p_{ni}}) = B_n - D_i \qquad\qquad 公式5.2$$

B_n表示应试人n的能力值（n=1, 2, ……, N）；

D_i表示题目i的难度值（i=1, 2, ……, L）；

P_{ni}表示应试人n在题目i上获得分数的概率值。

使用这个模型，可以同时估算题目的难度值和应试人的能力值，因此，它是一个双面模型。[①]如果在测试过程中使用的不是0、1评分（答对得1分，答错0分），而是多级评分（例如根据应试人的表现给1、2、3、4、5分）的情况下，双面模型可以演化为：

$$\log \frac{p_{nik}}{p_{ni(k-1)}} = B_n - D_i - F_{ik} \qquad\qquad 公式5.3$$

F_{ik}是题目i，评分员分数k相对于评分员分数k-1的难度；

P_{nik}是应试人n在题目i上被评为分数k的概率；

$P_{ni(k-1)}$是应试人n在题目i上被评为分数（k-1）的概率。

多面Rasch模型是在双面Rasch模型的基础上得到的。在主观测试中，应试人的分数不仅受题目难度的影响，还要受到测试任务、评分员变异（rater variability）等因素影响。在双面Rasch模型中加入测试任务、评分员变异等变

---

① 田清源：《主观评分中多面Rasch模型的应用》，《心理学探新》，2006年第1期，第71页。

量就得到了多面Rasch模型。如果在一个主观考试中，有多个任务类型，每个任务类型都包含若干题目，由若干题目组成，同时多个评分员为应试人评分，评分员又存在差异的话，模型就可以扩展成：

$$\log \frac{p_{nmijk}}{p_{nmij(k-1)}} = B_n - A_m - D_i - C_j - F_{mik} \qquad 公式5.4$$

A_m表示任务m的难度；

C_j表示评分员j的严厉度；

F_{mik}是任务m中题目i，评分员分数k相对于评分员分数k-1的难度；

P_{nmijk}是应试人n在任务m中的题目i上被评为分数k的概率；

$P_{nmij(k-1)}$是应试人n在任务m中题目i上被评为分数（k-1）的概率。

多面Rasch模型中的"面"是指影响应试人分数的因素，在不同的研究中可以根据研究的需要来确定模型中"面"的个数。多面Rasch模型认为应试人的分数不仅受到试题难度和应试人能力水平这两个基本"面"的影响，还受到评分员严厉度、稳定性等多个"面"的影响。在实际研究中，可根据研究目的的不同确定影响应试人分数到底有几个"面"。多面Rasch模型的优点之一是可以在同一个洛基量表（logit scale）上分析主观考试中应试人的能力值、题目的难度值、评分员的严厉度等方面以及它们之间的交互作用。[1]在主观评分的过程中控制好来自评分员、应试人和题目的误差有利于提高测验的信度，从而保障测验的效度。

---

① Linacre J. M. 1994. *Many-Facet Rasch Measurement*. MESA Press.

5.4.2 常用软件

1969年，赖特与潘杰帕克森（Wright & Panchapakesan 1969）为Rasch模型的分数统计编写了第一个项目反应理论的专用程序BICAL，推动了Rasch模型的实际应用①。随着Rasch模型被用于研究主观测试的评分，发展为多面Rasch模型，美国芝加哥大学的Linacre开发了专用于多面Rasch模型分析软件FACETS，这个软件的问世加速了关于多面Rasch模型的研究，目前已经成为研究多面Rasch模型最常用的软件之一。国内外很多学者用FACETS研究各种测验领域的主观评分，研究结果显示这个软件计算结果可靠，操作相对简便，是一个实用、可靠的多面Rasch模型应用软件。

5.4.3 模型应用领域

由于多面Rasch模型可以分析影响主观测试评分的各种因素，它被广泛应用于各个研究领域，包括教育心理测量、医学资格考试、人事招聘面试、体育比赛评分以及语言测试领域。只要是需要多个评分员打分的测验领域，Rasch模型都可以找到用武之地②。目前使用多面Rasch模型的研究领域包括：评分员引起的误差分析、写作评分的误差来源、测验方式和评分量表的影响、测验信效度研究等③。

在国外语言测试领域，使用多面Rasch模型的研究很多。Myford

---

① 朱正才、杨惠中、杨浩然：《Rasch模型在CET考试分数等值中的应用》，《现代外语》，2003年第1期，第70页。

② 孙晓敏、薛刚：《多面Rasch模型在结构化面试中的应用》，《心理学报》，2008年第9期，第1032页。

③ 庐恩玲：《基于多面Rasch模型的HSK（高等）口语考试评分框架研究》，北京语言大学硕士学位论文，2010年，第7—8页。

C.M.&Wolfe E.W.（2003）、Wolfe（2004）、Eckes T.（2004）等使用该模型研究评分员变异，研究结果显示评分员之间存在差异，严厉度是引起评分员差异的一个重要方面。Wigglesworth（1993）对评分员因素的详细分析可以为评分工作提供有效的反馈，有利于提高评分员培训的有效性和针对性。Bonk&Ockey（2003）使用多面Rasch模型的研究发现集体讨论的方法比面试等其他口语测量手段更加快捷、有效。Kozaki（2003）比较了概化理论和多面Rasch模型，结果显示：概化理论更适用于分析评分员和其他变量之间交互作用，而多面Rasch模型更适用于分析单个评分员对测验信度和效度的影响，[①]

在汉语测试领域，田清源（2006）[②]较早介绍了多面Rasch模型和国外的相关研究，并总结归纳了该模型在汉语语言测试中可能的应用领域。田清源（2007）[③]基于多面Rasch模型提出了HSK主观考试评分质量控制应用框架，并利用HSK（高等）作文评分数据进行了实验。实验数据的分析表明，使用多面Rasch模型能够有效区分评分员严厉度的差异，提高主观评分的信度。罗丹（2008）[④]详细介绍了多面Rasch模型发展的历史，并推导了模型的发展演变过程，有利于我们了解多面Rasch模型的设计思想。袁帅（2010）[⑤]使用多面Rasch模型分析了HSK（高等）口试数据，结果表明评分员之间的一致性和评分员对量表的使用情况均在可接受范围内，评分员的严厉度存在差异但并

---

① 庐恩玲：《基于多面Rasch模型的HSK（高等）口语考试评分框架研究》，北京语言大学硕士学位论文，2010年，第7页。

② 田清源：《主观评分中多面Rasch模型的应用》，《心理学探新》，2006年第1期。

③ 田清源：《HSK主观考试评分的Rasch实验分析》，《心理学探新》，2007年第1期。

④ 罗丹：《多面Rasch模型在HSK（中级）口语评分检验中的应用》，北京语言大学硕士学位论文，2008年。

⑤ 袁帅：《多面Rasch模型在HSK（高等）口语考试中的应用》，北京语言大学硕士学位论文，2010年。

不影响评分质量，为该考试的信度、效度研究积累了资料。庐恩玲（2010）[①]基于多面Rasch模型为HSK（高等）口试的评分方式设计了一个新框架。现有的评分方式是3位评分员为1位应试人评分，取最后的平均值作为应试人的最后分数。在框架下，每2位评分员为应试人评分，所有的评分员都要为12位共同应试人评分，根据为共同人评分的情况使用多面Rasch模型可以消除评分员、试题难度和评分量表等来源的误差。这项研究创新性地将多面Rasch模型应用到主观评分的新领域中，具有一定的研究价值。目前在汉语作为第一语言的主观测试中，还未见到有关多面Rasch模型的应用研究。

国内的外语教学界以及人事管理面试研究中，也有很多关于多面Rasch模型的应用。王跃武等（2006）[②]、张洁（2006）[③]等运用多面Rasch模型研究大学英语四、六级的评分活动。张洁（2008）[④]使用该模型研究了2007年PETS三级口语考试评分数据的质量控制。刘建达（2005）[⑤]、刘建达（2007）[⑥]、陈亚琴（2006）[⑦]、姜雨（2007）[⑧]等还探讨了在教师自编的英语主观测验中多面

---

① 庐恩玲：《基于多面Rasch模型的HSK（高等）口语考试评分框架研究》，北京语言大学硕士学位论文，2010年。

② 王跃武、朱正才、杨惠中：《作文网上评分信度的多面Rasch测量分析》，《外语界》，2006年第1期。

③ 张洁：《用多层面Rasch模型分析做事测试的分数差异——对大学英语四、六级口语考试（CET-SET）的一次探索》，浙江大学硕士学位论文，2006年。

④ 张洁：《 PETS三级口语考试评分质量控制研究——基于多侧面Rasch模型（MFRM）的方法》，《考试研究》，2008年10月第4期。

⑤ 刘建达：《话语填充测试方法的多层面Rasch模型分析》，《现代外语》，2005年5月第28卷第2期。

⑥ 刘建达：《做事测试信度和效度的Rasch模型分析》，《外语艺术教育研究》，2007年12月第4期。

⑦ 陈亚琴：《性别在英语口语测试中的影响》，湖南大学硕士学位论文，2006年。

⑧ 姜雨：《多侧面Rasch模式在英语写作测试中的应用——基于大连理工大学的实证研究》，大连理工大学硕士学位论文，2007年。

Rasch模型的应用范围以及自编测验的信度、效度等。孙晓敏、薛刚（2008）[①]介绍了多面Rasch模型理论及其在结构化面试中的应用框架。孙晓敏、张厚粲（2006）[②]使用多面Rasch模型研究公务员考试面试中的评分员偏差（rater bias）。结果显示，评分员在宽严程度上存在差异。这种严厉度的差异受应试人面试顺序、应试人性别以及面试时间等的影响。

　　主观测验过程中评分员的作用非同寻常，整个评分过程的质量很大程度上取决于评分员。对评分员变异引起的评分误差是当前主观测试研究的一个热点领域。人们根据多年来的评分经验总结出了常见的有关评分员的误差类型，例如评分员的严厉与宽松，集中度、晕轮效应等，周曼芝（2007）[③]、谭智（2008）[④]使用多面Rasch模型研究了写作测试中评分员的误差因素，对改进写作评分提出了一些建议。这些研究的结果说明，评分员在严厉度和其他指标上的差异比较显著，说明多面Rasch模型是用来量化评分员严厉度的一个有力工具。李中权等[⑤]（2008）对某种考试论述题的研究中显示，评分员的误差表现多样多样，他把主要的评分员误差类型归为4类，并提出可以把评分员评分的多面Rasch模型分析结果反馈给评分员，以帮助他们提高评分质量。

---

　　① 孙晓敏、薛刚：《多面Rasch模型在结构化面试中的应用》，《心理学报》，2008年第9期。

　　② 孙晓敏、张厚粲：《国家公务员结构化面试中评委偏差的IRT分析》，《心理学报》，2006年第4期，第614—625页。

　　③ 周曼芝：《写作评分中评分员因素的多侧面Rasch模型分析》，湖南大学硕士毕业论文，2007年。

　　④ 谭智：《应用Rasch模型分析英语写作评分行为》，《外语教学理论与实践》，2008年第1期。

　　⑤ 李中权、孙晓敏、张厚粲、张立松：《多面Rasch模型在主观题评分培训中的应用》，《中国考试》，2008年第1期。

5.5 实证研究

5.5.1 研究假设

多面Rasch模型是应用于主观评分研究最多的项目反应理论模型之一。关于该模型的研究很多，涉及主观评分的各个领域。在语言测试中相关的研究也很多，有关于英语、法语、日语等不同语种的研究，也有关于作文、口试等不同测验类型的研究。本研究探讨采用多面Rasch模型评价汉语口语测试评分员的评分质量的可行性。如果我们可以使用该模型评价评分员评分质量，则该模型需满足以下几个假设：

（1）汉语口语测试的分数等级体系与多面Rasch模型拟合良好。一个模型是否适用于我们的测验，首先就是看测试和模型是否拟合，也就是看实际的测验数据是否符合既定模型的假设。不同的测验模型中拟合优度检验的指标的不同。在语言测验中，看模型是否适用于某个测验，首先看此模型是否能够区分不同应试人的能力水平，区分的结果是否有效。其次要看模型是否能实现实验假设，在多面Rasch模型中，开发者提出可以区分来源于不同"面"（facet）的误差。如果此模型无法判断来自评分员的误差，或此模型无法区分不同能力水平的应试人，那么我们认为此模型不适用

（2）汉语口语测试的评分员在评分过程中的严厉度不同。严厉度是在主观评分中经常被提及的一个概念，是主观考试中评分员的一种属性。每个评分员的严厉度不同，对同一个应试人，严厉度高的评分员更倾向于给一个低分数，而严厉度低的评分员倾向于给一个高分数。多面Rasch模型中可体现评分员"面"（facet）的变异，通常这种变异被操作化定义为"严厉度"。

5.5.2　研究对象

以汉语水平考试HSK（高等）口试的评分员为研究对象，采用2010年10月HSK（高等）口试评分的实际数据。2010年10月HSK（高等）评分工作共有90名评分员参加，其中70位评分员参加了此项研究。他们分别为12位应试人的汉语水平考试HSK（高等）口试部分评分。

我们选择了12份应试人的语音样本，这些样本数据是最近两次HSK（高等）口试（2009年10月和2010年4月）的实测数据。在实际评分活动中，为了减少来自评分员的误差，每位应试人都有3名评分员给他打分，最后得到的分数是这3名评分员所给成绩的平均分，如果总分不是3的倍数，则采用就"就高不就低"的原则，给应试人一个较高的分数。12名应试人都是以汉语为第二语言的学习者，他们有的中国的少数民族学生，有的是在华留学生，国籍有韩国、日本、美国、泰国、奥地利和斯洛伐克等。为了保证研究的普适性，我们选择的这12名应试人的口语水平有高有低，他们在HSK（高等）口试部分的实际得分最高的为5分，最低为2-。

应试人的具体情况和2009年4月或2010年10月实测所得成绩如表5.1所示。

表5.1　12名应试人背景信息表

应试人编号	性别	国籍/民族	应试人实测等级分数				
			评分员1	评分员2	评分员3	最终等级分数	转换等级分数
1	女	日本	5	5	5	5	12
2	男	奥地利	4	4	4	4	9
3	男	斯洛伐克	3	3	3	3	6
4	女	维吾尔族	3+	3+	3+	3+	7
5	男	韩国	2	2	2-	2	3
6	男	维吾尔族	5-	5-	5-	5-	11
7	男	美国	4+	4+	4+	4+	10
8	男	泰国	4-	4-	4-	4-	8

续表

应试人编号	性别	国籍/民族	应试人实测等级分数				
			评分员1	评分员2	评分员3	最终等级分数	转换等级分数
9	女	韩国	3	3+	4-	3+	7
10	女	韩国	3-	3-	3-	3-	5
11	男	日本	2+	2+	2+	2+	4
12	男	韩国	2-	2-	2-	2-	2

5.5.3 研究方法

本研究采用多面Rasch模型测量评分员的严厉度，多面Rasch模型是项目反应理论（IRT）中的一种模型。表现性测试（performance test）是近些年研究中的一个热点，表现性测试一般都要使用主观评分。在主观评分中，任务类型（task）和评分员（rater）是两大潜在的误差来源，概化理论（generalizability theory）和多面Rasch模型是两种最常用的评价测验误差来源的理论，且这两种理论都有专门的分析软件。多面Rasch模型的分析软件是FACETS，这个软件可以评估任务难度（task difficulty）、评分员严厉度（rater seceverity），还可以估计应试人的能力参数。

5.5.4 研究步骤

5.5.4.1 建立评分员信息数据库

我们首先把参与此次评分活动的评分员背景信息整理表5.2所示。上表中包含评分员性别、专业、身份类型、入学年份以及评分经验等信息，这些信息都有可能影响评分员的评分质量。评分经验为0，说明这名评分员从未参加过HSK（高等）口语考试的评分，没有评分经验。评分经验为1，说明评分员曾经参与过HSK（高等）口语考试评分，有评分经验。为对评分员的个人信息保密，我们隐去评分员姓名，下文均已评分员编号代称。

表5.2 评分员信息数据库（选段）

序号	评分员编号	性别	专业	身份类型	评分经验
1	75001	男	语言学及应用语言学	教师	0
2	79001	女	语言学及应用语言学	教师	1
3	80001	女	语言学及应用语言学	教师	1
4	80002	男	语言学及应用语言学	学生	1
5	80003	女	语言学及应用语言学	学生	1
6	81001	女	语言学及应用语言学	教师	1

5.5.4.2 建立实测分数数据库

我们将应试人在此次研究中所得的分数整理如下表所示：

表5.3 评分员信息数据库（选段）

应试人编号	评分员编号	评分员分数
1	1	11
1	2	10
1	3	11
1	4	11
1	5	11

上表包括应试人编号、评分员编号和评分员分数3列。应试人共有12位，编号1—12，评分员共有70位，编号为1—82（有12位评分员为缺失数据）。有12位评分员没有参加为共同人打分的实验，所以每位应试人都由70位评分员分别打分，分数经过转换为1—12的数值型数据，转换对应关系如表5.4所示。

5.5.4.3 整理数据

此次研究使用的是研究多面Rasch模型的常用软件FACETS，版本是Version No. 3.66.3。FACET软件只能处理数值型数据，不能处理字符型数据。为了适应软件对数据的特殊要求，同时我们出于对应试人身份保密的考虑，我们隐去应试人的姓名，给应试人编号为1—12。HSK（高等）原始的等级分数也不是FACETS要求的格式，我们把应试人的等级分数从低到高转化为1—12级。分数转换对应关系如表5.4所示：

表5.4 HSK（高等）口试等级分数转化表

HSK分数等级	1	2-	2	2+	3-	3	3+	4-	4	4+	5-	5
转换分数	1	2	3	4	5	6	7	8	9	10	11	12

5.5.4.4 编写程序

FACETS软件需要使用者根据研究的实际情况编写语句，程序中需要指定研究使用的模型、模型的面（facet）、评分量表、应试人数量、评分员数量等，还可以指定输出结果的格式等。

5.5.5 结果分析

5.5.5.1 描述性总表结果分析

附录二"FACETS描述性总表"是FACETS程序输出的第一个分析结果。表中显示了全部3个面的总体分布情况，直观地显示了评分员的严厉度、应试人的能力和评分量表的使用情况。

表中第一列Measr是指个体在共同标尺上的标度值，单位为洛基（logit），该表表示此次分析全距为6个logit值（-2—4）。在这个表中，所有面中的每一个体都转化为洛基为单位的统一的度量值，便于各个面之间的比较和分析。

表中第二列是应试人的能力值，我们可以看出，12名应试人中编号为1的应试人水平最高，能力值接近Logit值+4，编号12的应试人能力值最低，能力值稍低于Logit值-1。按照能力值从高到低，12名应试人编号依次为：1、6、7、

8、9、3、2、4、11、10、5、12。

这个结果和表5.1 "12名应试人背景信息表"中应试人的实际得分顺序基本一致。比较结果见表5.5。

"实测名次"和"FACETS能力值名次"为顺序变量，使用SPSS11.0计算两列数据的Spearman相关系数为0.928，Kendall's tau-b等级相关系数0.840，均在.000水平上显著。这个结果说明这两类数据高度相关，说明使用FACETS测量应的试人能力值结果是可信的，可以替代实际测试中的应试人分数。

表5.5 应试人实测成绩名次和能力值名次比较

应试人编号	实测名次	FACETS能力值名次
1	1	1
2	4	7
3	7	6
4	6	8
5	10	11
6	2	2
7	3	3
8	5	4
9	6	5
10	8	10
11	9	9
12	11	12

注：第二列"实测名次"中，应试人4、9实测得分都为3+，即7分。

附录二的第三列显示的是评分员的情况。每个"*"代表2个评分员，从这列看出评分员的严厉度分布整体呈正态分布，平均值约为0，说明此次评分活动中评分员的严厉度整体令人满意。

附录二的第四列说明应试人的分数有1个。HSK（高等）口试采取整体评分的方式，评分员给应试人的语言整体表现打出1个分数。在有的采用分项评分方式的测验中，评分员要给出应试人几个分数。

附录二的最后一列显示评分员对评分量表的使用情况，纵列中区分各个分值的横线代表相邻两个分值的临界能力值。

5.5.5.2　应试人面分析结果

附录三是FACETS输出的应试人面分析结果。应试人面的数据结果共有10列，通常我们关注其中的4列。

第5列Measure值表示在洛基量表上应试人的能力值。在前面的编程语句中，我们把examinee设为positive，表示logit值越高，应试人能力越高，logit值越低，应试人能力越低。此列和表6.4中的第2列意义相同。

第7列和第8列"infit"和"outfit"值是模型拟合值，用来衡量每一个应试人的实际观察值和模型预测值之间的拟合程度。因为"outfit"值很容易受到个别极端数据影响，所以一般用"infit"作为判断模型拟合程度的依据。John M. Linacre（FACETS软件的设计者）认为"infit"的取值范围应在0.6—1.5之间，如果每个应试人的拟合值都在这个范围之间，我们可以认为应试人的得分和模型是拟合的[1]。附录三中12名应试人有5名应试人的infit值不在此范围内，8名应试人的infit值在0.6—1.5之间。

附录三下方的"Separation"是分隔系数，这个指标和"Reliability"信度系数一起用来衡量每个面的个体之间差异是否大于测量误差。分隔系数和信度系数都是越高越好，说明有越大的把握认为个体之间的值差异显著。分隔系数大于2，一般认为存在明显差异，信度系数取值在0—1之间，若完全拟合，其值为1。[2]表6.6中分隔系数值为12.77，说明此次测验中应试人的能力差

---

① 石志亮、韩宝成：《多面Rasch模型分析软件Facets在英语测试中的应用》，《中国英语教育》，2009年第2期，第7页。

② 石志亮、韩宝成：《多面Rasch模型分析软件Facets在英语测试中的应用》，《中国英语教育》，2009年第2期，第7页。

异显著。信度系数值为0.99，说明本次测验的可信度也很高。表下方的"chi-square"为卡方检验值，卡方值为0说明个体之间在统计意义上差异显著。

5.5.5.3　评分员面严厉度分析

关于评分员层面的FACETS软件分析结果表输出的内容较多，见文末附录四"评分员层面结果总表——FACETS软件计算结果之三"。

附录四中第5列是评分员严厉度值，数值按照从大到小顺序排列。评分员严厉度反映了评分员评分时的宽严程度。评分员严厉度的测量值Logit越大说明该评分员越严格，测量值越小说明该评分员评分时越宽松，严厉度的测量值为0是最理想的状态，这说明该评分员的评分尺度把握较好，是一种理想状态。根据附录四"评分员严厉度量化结果表"显示：参与本次严厉度研究的70位评分员，严厉度测量值的范围为-0.54—0.59个logits，全矩为1.13个logits，其中最严厉的是编号为63和70评分员，严厉度测量值最低，达到了-0.54；评分最为宽松的是编号为25的评分员，他的严厉度测量值最高，为0.59。编号为55、57和74的评分员严厉度最为理想，测量值为0，说明他们对评分标准和分数体系的把握最为合埋。

Myford&Wolfe（2000）提到，评分员之间的严厉度差异全距如果不到应试人能力值全距的1/4，说明评分员的严厉度差异在总体上不会影响应试人的能力值[①]。附录3显示本次测验中，最严格与最宽松的评分员logit值全距为1.13。应试人能力值全距根据表6.6为4.94（-1.07—3.87）。1.13不到4.94的1/4，所以这次评分活动评分员严厉度整体上是令人满意的，没有影响应试人的成绩。

---

① 　袁帅：《多面Rasch模型在HSK（高等）口语考试中的应用》，北京语言大学硕士学位论文，2010年，第19页。

5.5.6　结论

根据以上研究结果和分析，可得出以下结论：

（1）HSK（高等）口试的分数等级体系与多面Rasch模型基本拟合。

判断一项主观测试和多面Rasch模型的拟合情况，可参考FACETS软件输出结果中的以下几个参数：

应试人层面输出结果中的infit值和outfit值，即表6.6中的第7列和第8列。这列数据衡量的是每一个应试人能力的实际观察值和模型预测值之间的拟合程度。John M. Linacre认为infit的取值范围应在0.6—1.5之间，如果每个应试人的拟合值都在这个范围之间，我们可以认为应试人的得分和模型是拟合的[1]。表6.6中12名应试人有5名应试人的infit值不在此范围内，7名应试人的infit值在0.6—1.5之间。由于此次研究的应试人样本较小，我们认为这个结果基本是可以接受的，应试人能力的观测值和模型预测值基本拟合。

应试人层面输出结果中的separation值和reliability值。separation是分隔系数，reliability是信度系数。分隔系数大于2就说明应试人能力之间有明显差异，此次研究的分割系数达到了12.77，说明此次口语测试有效区分了应试人的能力，我们使用多面Rasch模型计算得出的应试人能力值有效地显示了应试人能力之间的区别。信度系数的取值范围是0—1，信度系数越高，说明对应试人的能力值的评价越可靠，此次研究的信度系数达到了0.99，说明此次口语测验的可靠程度很高。

除以上FACETS软件输出的各项结果之外，根据使用FACETS软件估计出来的应试人能力值结果和实际测试过程的结果作比较，使用SPSS11.0计算Spearman相关系数为0.928，Kendall's tau-b等级相关系数0.840，均在.000水平

---

[1]　石志亮、韩宝成：《多面Rasch模型分析软件Facets在英语测试中的应用》，《中国英语教育》，2009年第2期，第7页。

上显著，说明多面Rasch估计的应试人能力值可靠。

综上所述，本次研究结果说明多面Rasch模型和HSK（高等）口试的分数体系基本拟合，能有效区分应试人的口语能力，并能反映评分员评分过程中的差异。

（2）HSK（高等）口试的评分员在评分过程中的严厉度不同。有的评分员评分宽松，而有的评分员评分严格。

FACETS软件提供了一个指标看多面Rasch模型区分不同测试中评分员严厉度的能力，即附录四表下方的分隔系数（Separation）和分隔信度（separation reliability）。分隔系数表示评分员差异程度，该系数越高，说明评分员之间差异越明显。当分隔系数大于2时，我们可以认为评分员之间存在严厉度上的差异。[①]评分员之间差异很大时，可能会影响评分。此次研究评分员的分隔系数为0.94，说明评分员整体的严厉度水平在合理范围内，本次评分中评分员的严厉度水平大体相当，没有影响评分质量。同时卡方（chi-square）检验值为131.3（d.f=69），p值为0.00，说明此次研究中评分员严厉度之间的差异得到了很好的区分。

以上我们以汉语水平考试（HSK）高等口试评分员为对象，研究了评分员严厉度的评价问题。研究结论显示：我们采用的多面Rasch模型可用于量化评分员的严厉度差异。在普通话水平测试（PSC）中，我们也进行了一个实证研究。由于客观条件所限，我们共收集到10名普通话水平测试员为11名应试人评分的数据。数据虽少，但也有一定的代表性。我们把普通话水平测试的分数体系看作一个整体评分量表。这个评分量表是一个6分量表，评分等级依次为：一甲、一乙、二甲、二乙、三甲、三乙，最高为一甲，最低为三乙。

---

① 石志亮、韩宝成：《多面Rasch模型分析软件Facets在英语测试中的应用》，《中国英语教育》，2009年第2期，第8页。

这11名应试人覆盖了从"一乙"到"三甲"的四个级别，没有一甲和三乙，基本可以代表在实际测试实践中的应试人水平。我们使用和本章研究相同的步骤分析了这些数据，结果如下：

（1）使用多面Rasch模型得到的应试人成绩和实测数据完全一致，说明多面Rasch模型和普通话水平测试（PSC）拟合良好；

（2）评分员严厉度指标最高为3.74，最低为-3.79，说明普通话水平测试员之间的严厉度存在差异。

综上所述，在汉语口语测试中评分员评分时的严厉度不同，但还是在可以接受的范围以内。我们可以看到，评分员严厉度不同，具有一定的离散度。

5.6 严厉度评价效度检验

效度就是有效性。在语言测验领域，我们经常提到效度，指的是一个测验的有效性。效度也可以表示一个研究的有效性，即对这个研究是否实现了研究目的进行检验。

使用多面Rasch模型，研究者可分解来自不同"面"的评分误差。评分员"面"的误差即严厉度。多面Rasch模型可以在同一个量表上标注应试人、评分员、评分量表等不同来源的误差量。我们假设多面Rasch模型计算的结果能够准确量化评分员的严厉度差异，不仅可以反映评分员评分结果和应试人水平的偏离方向，还可反映出偏离应试人实际水平的量。

5.6.1 偏离趋势检验

严厉度值为正的评分员严厉度高，严厉度值为负的评分员严厉度低。严厉度值越高说明评分员越严厉。在本部分，我们检验了严厉度和评分员所给分数的趋势是否一致，即是否严厉度值高的评分员所给分数较高，严厉度低的评分员给出的分数较低。

表5.6　评分员评分结果总表（选段）

	R63	R4	R19	R74	R2	R25	…	平均数	实测值
E1	11	11	11	11	10	11	…	11	12
E2	10	4	0	8	8	2	…	6	9
E3	8	8	8	7	5	5	…	7	6
E4	8	5	8	4	5	5	…	6	7
E5	7	2	5	5	2	4	…	3	3
E6	10	10	10	10	10	11	…	10	11
E7	10	10	11	9	9	7	…	10	10
E8	10	11	10	11	7	6	…	9	8
E9	9	11	9	7	7	6	…	9	7
E10	3	3	4	3	3	3	…	3	5
E11	6	10	6	3	3	4	…	5	4
E12	1	1	3	3	1	3	…	3	2
严厉度值	-0.54	-0.22	-0.18	0.00	0.46	0.59			

　　70名评分员都对12位应试人进行了评分，因而评分员对此12位共同应试人的评分基本上能反映他们整体评分的特点。我们将70位评分员的评分结果整理成表格，如表5.6所示，E代表应试人，E1即为编号为1的应试人，以此类推；R代表评分员，R1即为编号为1的评分员，以此类推。最右边一列是70位评分员评分结果的平均值，右边第二列是实际测试中应试人得到的分数。建立此表对评分员的评分结果加以分析，可以粗略反映评分员严厉度的差异。

　　我们采用评分员评分结果的平均值为参照，绘制了评分员对共同应试人评分的折线图。通过比较每个评分员评分结果和平均值的差异，可看出评分员评分是偏高还是偏低。我们挑选了5位评分员：2号、4号、19号、25号、63号和74号评分员，其中25号评分员是严厉度最高的，63号是严厉度最低的，

74号严厉度为0，图5.1是我们挑选的5位评分员评分结果折线图。

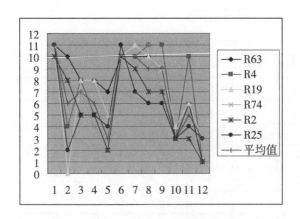

图5.1　5位评分员评分结果折线图

图5.1中，横轴代表不同的应试人，纵轴是评分员给出的分数。从图中看出63号评分员的评分结果和评分结果的平均数相比明显偏高，他对多数应试人的评分高于平均值，折线在平均值上方，4号评分员的评分结果也高于折线。而25号的评分结果大部分低于平均值，2号评分员的评分结果也大都低于平均值。相比较附录四中严厉度的计算结果，63号评分员和70号评分员严厉度值最低只有-0.54，他们是严厉度值最低的评分员，图6.1显示他给出分数高于评分结果的平均数；而25号评分员是严厉度最高的评分员，严厉度值为0.59，图6.1显示此评分员给出的评分结果大部分低于平均值。这个结果说明使用多面Rasch模型计算的评分员严厉度结果和我们实际观察到的严厉度情况整体吻合。

5.6.2　偏离量检验

评分员的严厉度值偏离0越远，说明评分员评分结果偏离应试人最终结果越远。例如严厉度为0.2的评分员比严厉度为0.5的评分员评分结果更接近应试人得到的最终分数结果，因为0.2的严厉度值小于0.5。严厉度为0.2的评分员也比严厉度为-0.5的评分员评分结果更接近应试人得到的最终分数结果。因为0.2距离0比-0.5距离0更近，即0.2的绝对值小于0.5的绝对值。

我们假设：评分员严厉度过高或过低会影响评分员的评分质量。评分质量是一个不太容易定义的概念。我们说一个评分员的评分质量高，说明这个评分员的评分误差少，评分结果接近于应试人的真分数，但是在现有的理论框架下，我们无法准确测量出应试人的真分数。

那么在现有的条件下，我们考查评分员评分质量，可能的指标有哪些?

5.6.2.1　复评率

我们首先考虑使用复评率来代表评分员的评分质量。之所以选择复评率作为评价质量的指标，是因为我们认为如果一个评分员的评分质量很高，那么他所评的试卷中很少会被复评；如果一个评分员的评分质量不高，则他所评的试卷就有很多需要复评。在HSK（高等）口试中，如果三位评分员之间给出的分数级差超过5，这份应试人的试卷就要进行复评。例如，3位评分员对同一位应试人的口试样本评分，第一位评分员给了1分，第二位评分员给了3分，而第三位评分员给了9分，第一位和第三位评分员所给分数的级差就是8，超出了级差为5的标准，所以这份应试人口试样本就要进行复评。如果3位评分员对同一位应试人的口试样本评分，3位评分员给出了比较接近的分数，则我们认为评分员之间的差异在可容忍范围之内。例如3位评分员分别给出了3、4、5这三个分数的话，这三个分数虽然不同，但级差不到5，分数结果非常接近，应试人最后的成绩为这三个分数的均值，即为4。

我们统计了在2010年10月实际评分活动中6位评分员的复评数量，此6位评分员即绘制折线图时选择的6位评分员，他们之中有严厉度最高的评分员、严厉度最低的评分员、严厉度为0的评分员和其他3位严厉度值居于中间的评分员，他们6位是此次研究中比较有代表性的评分员。我们的统计包括2010年10月参加HSK（高等）口试的全部应试人，共计2720位应试人，此2720位应试人中不包括作为共同人的12名应试人，即不包括计算评分员严厉度时使用的应试人样本。这样的设计主要是考虑可以检验严厉度指标结果的可推广程度如何，看得到的严厉度值是否能反映实际大样本评分活动中的评分员评分质量差异。统计结果如表5.7所示。

表5.7　6名评分员评分结果复评情况表

评分员编号	重评人数	评分员位次	应试人编号	评分员分数	复评平均分	差值	严厉度值
2	4	1	017448100038	7	7	0	0.46
			017448200017	7	6	1	
			017448200034	7	6	1	
			017448200044	9	7	2	
4	5	1	209407250152	0	2	-2	-0.22
			209448250133	1	6	-5	
			209448250134	0	9	-9	
			209523250137	0	6	-6	
			209523250151	0	2	-2	
19	5	1	204523250011	6	9	-3	-0.18
			204529150003	6	8	-2	
			205523200004	6	8	-2	
			261448200055	3	6	-3	
			261523200060	6	8	-2	
25	3	1	205523150031	3	2	1	0.59
			206523200008	5	7	-2	
			302525200140	7	9	-2	

评分员编号	重评人数	评分员位次	应试人编号	评分员分数	复评平均分	差值	严厉度值
63	6	3	100448200176	11	9	2	-0.54
			215448100074	10	6	4	
			215448200097	9	7	2	
			215448200103	9	8	1	
			215448200107	9	6	3	
			215448200109	10	7	3	
74	5	3	204525200133	7	6	1	0
			226523100071	7	7	0	
			226523200073	6	8	-2	
			261523100012	7	7	0	
			261523200022	8	7	1	

表中第一列是评分员编号，我们选择了6位严厉度值有代表性的评分员，分别是2、4、19、25、63和74号评分员。表中第二列是评分员复评的数量，评分员此次评分活动中大致每人评86份左右试卷。第三列是评分员位次，即3位评分员对同一位应试人评分时的编号，用以区别评分员身份，评分员位次有1、2、3三种取值。第四列是应试人参加考试时的考号，用来区分应试人身份，每个应试人的考号都是唯一的。第五列是此6位评分员给出的应试人成绩。第六列是应试人最终得到的成绩，也就是复评后由资深评分员给出的应试人成绩。我们以第六列复评后的最终成绩为标准，看评分员评分中的误差。第七列是用第五列减去第六列的差值。第八列是用多面Rasch模型计算出的评分员严厉度值结果。

根据假设推断，严厉度值为0的评分员的复评率应该最低，而严厉度值最高和最低的评分员复评率应该最高。根据表5.7所示，严厉度值最高的25号评分员，他的复评数量是3，严厉度最低的评分员是63号，他的复评数量是6，而严厉度是0的评分员复评的数量却达到了5。这个结果和我们假设的情况完全不同。评分员复评情况和他的严厉度值并没有明显的共变关系。仔细观察表5.7，我们发现有的应试人复评之后得到的分数和原来6位评分员给出的分数非常接近，例如考号为017448100038的应试人（第一行）、考号为261523100012的应试人（倒数第二行）和考号为226523100071的应试人（倒数第四行），评分员给出的分数结果和复评之后的分数结果完全一样，差值为0。这说明应试人的分数需要复评的情况很复杂，并不仅仅只是因为一个评分员。在实际评分过程中，有3位评分员给同一个应试人评分，3位评分员中任意2位评分员的差异超过5级，说明评分员之间的差异较大，就要进行复评。而到底是3位中哪位评分员的评分质量出了问题还不能判断。例如，在对同一位应试人评分时，3位评分员分别给出了1、3、9的分数，位次为1的评分员和位次为3的评分员级差为8，位次为2的评分员和位次为3的评分员级差为6，都超过了级差为5的评价标准，那我们能说是位次为3的评分员过于宽松吗？很显然不能，只有经过复评之后，对比复评结果我们才能知道到底是哪位评分员的评分质量有问题。例如经过复评，我们发现此应试人的分数应为8，是位次为1和2的评分员过于严厉导致此次评分结果需要复评。所以，复评数量和复评比例作为评价评分员评分质量的指标并不合适。因为复评率不能体现评分员的评分质量，复评也有可能是因为同一评分员组中的其他评分员质量不高导致。所以，我们认为复评率作为评分员评分质量的指标并不合适。

5.6.2.2　评分差异指数

通过绘制折线图，我们看到评分员严厉度值能反映评分员给分的高低趋向。严厉度高的评分员倾向于给一个更低的分数，而严厉度低的评分员更倾向于给一个更高的分数。评分员的评分质量是评分员评分结果和应试人最终分数之间差异的反映。在普通话水平测试和汉语水平考试的主观测试中，由多个评分员给同一个应试人评分，应试人的最后分数为多个评分结果的平均

值，这么做的主要目的是可以减少测量误差。相比较单个评分员给出的评分
结果，多个评分员评分结果的均值被认为是最接近应试人真分数的值。如果
评分员的评分结果越接近多个评分员的评分均值，我们认为评分员的评分质
量越高，如果评分员的评分结果远离多个评分员的评分均值，则我们认为评
分员的评分质量越低。

因为实际评分结果有时高于平均值，有时低于平均值，分数差异的方向
不一致，如果这样把评分员与应试人实际得分的差值相加取和，在应试人样
本极大的情况下，差值相加之和趋于0，这样就不能反映各个评分员评分质量
的差异。在统计学中，离均差（deviation from the mean）是某个数据和数据
分布中所有数据的平均数之差。我们借用离均差来指每个评分员评分结果和
全部评分员评分结果平均数之差。为了反映评分员分数与应试人最后得分的
差异，即评分员评分结果和多个评分员评分结果平均数之间的差值之和，我
们借鉴统计学中反映数据分布的差异量数方差（variance）和标准差（standard
deviation）的定义，我们把离均差平方后相加取和。这样不仅可以让数据之间
的差异更明显，而且还避免了数据方向的干扰，使得相加取和的值更能反映
不同数据之间的差异。

我们把评分员的评分质量操作性定义为：评分员评分结果和多个评分员
评分均值的差值的平方，即评分员评分结果离均差（deviation from the mean）
的平方。如果给多个应试人评分，评分质量的操作化定义则为评分员评分结
果和多个评分员评分均值的差值的平方之和。因为每个评分员评分的数量并
不完全一样，所以我们取平方和的平均数，我们把这种衡量评分质量的指标
称为"评分差异指数"。计算此指数的公式如下所示：

$$D_i = \frac{\sum_{j=1}^{n}(s_{ij} - \overline{s_j})}{n} \qquad 公式5.5$$

D_i代表的是评分员i的评分差异指数;

S_{ij}代表的是评分员i给应试人j的评分结果;

$\overline{S_j}$代表的是几个评分员给应试人j评分结果的平均分;

n代表的是评分员i的评分数量,即接受评分员i评分的应试人数量;

i代表的是评分员编号;

j代表的是应试人编号。

值得一提的是,$\overline{S_j}$是一个对评分员评价的参照分数,也就是我们希望得到的分数,这个分数越接近真分数越好。在我们的研究中,采取的是多个评分员的平均分,也可能是某个IRT模型估算出来的能力参数。使用此评分差异参数时,可根据研究目的和整个研究的设计不同选择不同的参照分数,不一定是多个评分员的平均分。

2010年10月HSK(高等)口试评分中,70位评分员除为12名应试人共同评分外,每位评分员还有86份左右口试试卷的评分任务,所以此次阅卷活动中每人的评卷数量大致是98份左右。我们计算了70位评分员的"评分差异指数",如附录五所示。之后我们使用SPSS11.0计算了评分差异指数和严厉度绝对值的相关系数,如下表所示。

Spearman's rho	VAR00001	Correlation Co-efficient	1.000	.260*
		Sig.(2-tailed)	.	.030
		N	70	70
	VAR00002	Correlation Co-efficient	.260*	1.000
		Sig.(2-tailed)	.030	.
		N	70	70

* Correlation is significant at the .05 level(2-tailed).

　　因为评分员对应试人的评分采用的是等级评分，所得分数是等级变量，所以衡量某位评分结果和多位评分员评分均值的差异也是个等级变量，即评分差异指数是等级变量。严厉度指数表示应试人评分中严厉度的高低，也是个等级变量。考虑到变量类型，我们计算相关系数时选用了斯皮尔曼相关系数（Spearman's rho）。相关系数计算结果为0.26，双尾检验的结果在.05水平上差异显著，说明在样本量为70的情况下，评分差异指数和严厉度绝对值之间存在相关关系。

　　这个结果说明了评分员的严厉度能够衡量评分员差异的大小。如果评分员的严厉度绝对值大，说明此评分员评分结果偏离评分员评分结果均值远，如果评分员的严厉度绝对值大，说明此评分员评分结果接近评分员评分结果均值。严厉度可以反映评分员评分的偏离情况，即严厉度可以反映评分员的评分质量。

　　我们在普通话水平测试（PSC）中进行的实证研究结果证明：使用多面Rasch模型计算出评分员严厉度能够反映评分员评分的高低趋向。鉴于样本不大，我们没有进行专门统计分析，经过观察发现：严厉度高的测试员更倾向于给同一个应试人比较低的分数，严厉度低的测试员更倾向于给同一个应试人比较高的分数。

　　综上所述，我们认为：使用多面Rasch模型可以准确量化普通话水平测试员的严厉度差异。多面Rasch模型是一个量化汉语口语测试评分员严厉度的有效工具。

5.7　本章小结

　　严厉度指的是主观测试中评分员评分时的倾向性。本章以严厉度作为研究对象，分析了以严厉度作为评价评分员指标的问题。

本章首先梳理了国内外口语测试领域对评分员严厉度问题的研究，全面介绍了多面Rasch模型。目前国外对严厉度的研究主要目的都是为了检验主观测试的信度和效度，国内关于严厉度的研究多停留在经验型描述上，尚无对严厉度的系统研究。我们不仅梳理了国内外关于严厉度的研究，还首次使用严厉度来作为评价评分员评分质量的指标，并使用项目反应理论（IRT）中的多面Rasch模型来量化评分员的严厉度，检验了此模型和普通话水平测试（PSC）与汉语水平考试（HSK）高等口试的拟合程度，研究结果显示，汉语口语测试可使用严厉度作为评价评分员的指标，多面Rasch模型和汉语口语测试拟合良好，可以使用此模型计算评分员的严厉度。

为了检验严厉度是否能反映评分员的评分质量，我们还对严厉度结果进行了效度检验，即对多面Rasch模型量化严厉度的有效性进行研究。首先我们分析了不能以评分员"复评率"作为效标的原因，在此基础上提出了评分员"评分差异指数"，并以此来作为检验严厉度的标准。"评分差异指数"是评分员评分结果和多个评分员评分均值的差值的平方之和的平均数，这个指数可以反映评分员评分结果偏离评分均值的程度，和评分员严厉度的绝对值具有相同含义。研究结果显示，评分员严厉度的绝对值和评分员"评分差异指数"在.05水平上差异显著，说明在样本量为70的情况下，评分差异指数和严厉度绝对值之间存在相关关系。这个结果说明严厉度能够反映评分员评分质量的差异，是一种有效的评价指标。

综上所述，严厉度反映了评分员评分结果的偏离的方向和程度，可以作为评价评分员评分质量的指标。在汉语口语测试中，多面Rasch模型能够有效量化评分员的严厉度，我们可使用此模型来评价评分员的评分质量。

第6章　评分员一致性研究
——评分员"绩效"评价之二

6.1　引言

严厉度反映了主观测试中评分员评分时的趋向性，本章研究的评分员一致性，反映的是评分员严厉度的稳定性。如果说评分员严厉度是评分员评分过程中的系统误差，那么一致性就是评分员评分过程中的随机误差。一致性是评分员的一种个性特征，具有一定的稳定性，它受很多因素影响，例如测试任务、测试环境以及评分员的疲劳程度等。一致性和严厉度一起可以反映一个评分员在评分活动中的评分质量。

6.2　一致性定义

一致性指的是主观测试评分员在评分活动中打分趋向性的稳定程度。如果一个评分员在评分活动中的倾向性，即严厉度，比较稳定，则该评分员的一致性比较强；如果评分员倾向性不稳定，严厉度值有时高、有时低，则该评分员的一致性较差。

和评分员的严厉度一样，一致性也是评分员的个性特征。有的评分员严厉度比较稳定，而有的评分员严厉度则不太稳定。这种一致性可能通过培训有所改善，但是很少会有根本变化。Bonk&Ockey（2003）的研究显示，不管怎么培训，也不管评分细则如何完善，评分员一致性的差异一直存在，不可能消除，只是程度上有差别而已[①]。

一致性和严厉度相比，是一个更复杂的概念。一致性受各种变量的影响更大，一致性不仅受评分员个性影响，还有可能受到测试环境、测试任务、评分方法以及评分量表的影响。

6.3 一致性和信度

提到一致性，特别是评分员一致性，人们常常联想到信度。在经典测验理论中，主观测验的信度一般表现为评分员的信度，这种信度包括评分员间信度（inter-rater reliability）和评分员内信度（intra-rater reliability）。在测试实践中，通常以评分员间信度作为主观测试的信度指数。

6.3.1 信度概念的演变

信度，也叫可靠性，就是测验分数的稳定性和一致性程度。当我们用一个测验，对同一组应试人反复施测时，我们希望所得的分数都是一样的；当用同一测验的不同复本（等效试卷）对同一组应试人施测时，我们希望应试人在各份试卷上的得分都一样。如果测验分数表现出很高的稳定性，我们就说该测验的信度很高，反之，测验的信度就不高。[②]测验的信度可以分为很多

---

① Bonk, W. J. & G. J. Ockey. 2003. A many-facet Rasch analysis of the second language group oral discussion task. *Language Testing*20（1）.

② 张凯：《语言测试理论与实践》，北京语言文化大学出版社，2002年版，第99页。

种类。在主观测验中，评分员的稳定性表现在两个方面，一是评分员和评分员之间的稳定性，二是评分员自身的稳定性。前者被称为评分员间信度（inter-rater reliability），后者被称为评分员内信度（intra-rater reliability）。评分员信度表示评分员评分时的稳定性，所以常被用作评价评分员评分质量的指标。如果一个评分员的信度比较高，说明他的评分比较稳定，误差较小。有很多研究者对主观性考试评分员的评分差异以及质量控制进行了研究。

语言测试经过几十年的发展，目前形成三大理论流派：经典测验理论（classic test theory，简称CTT）、概化理论（generalizability theory，简称GT）和项目反应理论（item response theory，简称IRT）。不同的理论体系下，对信度概念的定义是不同的。

6.3.1.1　经典测验中的信度

1950年，美国学者古里科森（Guliksen, 1950）出版了《心理测验的理论》（Theory of Mental Tests）一书，书中第一次用公理化的方法系统总结了标准化考试的原理和方法，这标志着经典测验理论走向成熟。[①]

经典测验理论的信度来源于"真分数理论"。真分数理论的基本假设是：对于任何一个观测分数，都可以把它看成是由两部分组成的，一部分是真分数，即应试人的真实能力，另一部分是误差分数，即由随机误差造成的分数。这个模型用公式表示就是：

$$X=T+E;$$

公式6.1

X是观测分数，T代表真分数，E代表随机误差。[②]

---

① 杨志明、张雷：《测评的概化理论及其应用》，教育科学出版社，2003年版，第12页。

② Bachman, L. F., 1990. *Fundamental Considerations in Language Testing*, Oxford University Press, 167.

信度研究的目的就是确定一个测验分数中包含多少误差分数，从另一方面说，信度研究就是确定一个测验分数的稳定程度如何。信度和误差，是一件事情的两个不同但又紧密联系的两面。

根据公式一这个基本假设，我们可以推出以下三个假设：

（1）误差分数是随机的、非系统的，因此它和真分数之间没有相关，即真分数和误差分数是零相关。

（2）对一组应试人来说，误差分数的平均分等于零。因为误差的作用有正有反。

（3）两次测量的误差分数之间的相关为零。因为误差是随机出现的，因而两次测量所产生的误差应当是相互独立的，它们之间没有必然联系。

有了这些基本假设，我们就有可能把误差分数从观测分数中分离出来。根据假设（1），可以推出观测方差中包含了真分数方差和误差的方差：

$$\sigma_x^2 = \sigma_t^2 + \sigma_e^2 \qquad\qquad\qquad 公式6.2$$

信度概念说的是测验分数中有多少是稳定的，也就是说真分数在总分中所占的比例有多大。相应的，也就是真分数方差在总分方差中所占的比例有多大，因此，我们用r来代表这个比例，即：

$$r = \frac{\sigma_t^2}{\sigma_x^2} \qquad\qquad\qquad 公式6.3$$

公式6.3还可以表示成：

$$r = 1 - \frac{\sigma_e^2}{\sigma_x^2} \qquad\qquad\qquad 公式6.4$$

上式中的 r 就是信度系数。假设一个测验没有任何误差，观测分数就是真分数，那它的信度就是 1。如果一个测验真分数和误差分数各占50%，其信度就是0.5。

虽然我们可以知道总分和总分方差，但我们不可能直接知道真分数是多少，或真分数方差是多大，所以，上面那个表示信度的公式没有什么实用价值。为了知道测验的信度，我们引入了"平行测验"的概念。这也是真分数理论的一个基本概念。假定有两个测验，所测的是同一种能力，同一组应试人在这两个测验上具有相同的真分数，而且，两个测验的误差的方差也相同，这样的两个测验是平行测验。不难看出，平行测验的平均分和方差也都相同。当然，在现实中，完全的平行测验是不可能得到的，只要两个测验的平均分和方差没有显著性差异，就可以算是平行测验。

由于随机误差的存在，平行测验的观测分之间不可能完全相关，其相关程度取决于误差的大小。因为两平行测验的观测分、观测分方差、真分数、真分数方差都相等，而误差分数和观测分及真分数都没有相关，所以，根据平行测验的概念和真分数理论的三个基本假设，平行测验观测分之间的相关，等于其中任一测验真分数方差与总方差的比值，即：

$$r_{XX'} = \frac{\sigma_t^2}{\sigma_x^2} \qquad\qquad 公式6.5$$

经典测验理论中用平行测验之间的"相关系数"作为评分员信度指标，相关系数越大，说明评分的一致性越高，相关系数越小，说明评分的一致性低。常用的计算主观考试信度的方法有斯皮尔曼—布朗估计法（Spearman-Brown Prophecy Formula）、积差相关估计法、等级相关估计法、肯德尔

（Kandall）和谐系数估计法、α系数估计法等几种方法[①]。依据评分细则的不同，可选用恰当的方法来计算测验的信度系数。

主观性测验的评分受评分员主观因素的影响而产生误差。这类测验的信度是以评分员所评分数之间的相关系数来表示的，故称为评分员信度，可分为评分员内信度和评分员间信度两种。一般认为同一个评分员产生评分误差的原因是他对标准的掌握不能始终如一，而不同评分员间产生评分误差的原因是不同的评分员对评分标准的掌握不一致。

6.3.1.2 概化理论中的信度

经典测验理论提出了信度的基本概念，又引入了"平行测验"这个概念，使计算信度系数成为可能。由于经典测验理论中的信度概念易于理解，计算简单，具有可操作性，而且前提假设比较弱，很容易为实际的考试工作所满足，所以在实际测验中应用非常广泛。

稳定性是一个测验最基本的要求，测验的不稳定是由于误差造成的，这些测验误差中有随机误差（random errors）也有系统误差（systematic errors）。随机误差是零散的、无规律的，而系统误差是规律性，是可以估计出来的，可采用某种技术手段消除，随机误差不能使用技术手段来消除。经典测验理论把这两种类型的误差统称为测验误差，在经典测验理论体系下无法区分这两种类型的误差。由于不能分解影响应试人语言表现的误差来源，使用经典测验理论估计测验误差存在以下缺陷：

（1）当测量误差来源复杂时，使用经典测验理论估计出的误差不准确。使用经典测验理论计算信度系数时，评分员信度、不同时间测量结果的稳定系数、不同测验版本的复本信度系数等各个来源的影响叠加在一起，无法分

[①] 李传益：《主观考试信度的计算方法》，《考试周刊》，2009年第24期，第1页。

开逐个处理。[①]

（2）使用相关系数估计信度并不一定能提供证据证实变量之间的概念关系。相关系数反映的是事物之间的共变关系，并不代表事物的变化之间存在因果关系。完全没有关系的两个事物之间也可能存在高相关。

1963年，克龙巴赫等人（Cronbach, Rajaratnam, &Glaser, 1963）在《英国统计心理学杂志》（British Journal of Statistical Psychology）上发表了论文《概化理论：信度理论的丰富和发展》（*Theory of Generalizability: A liberalization of reliability theory*），这标志着概化理论的诞生。[②]

概化理论（generalizability theory）是在经典测验理论基础上发展起来的。概化理论在经典测验理论的基础上提供了一个扩展了的理论框架，并且引入了统计程序来解决语言测试中的问题。经典测验理论和概化理论同属于随机抽样理论，此二者在测量学上属于一种继承与发展的关系。这两种理论都把测试当成对人语言能力行为的抽样，并以此抽样来推断人的实际语言能力水平，这两种理论都承认测量过程中存在误差。

概化理论和经典测验理论相比较，主要的不同体现在对信度概念的定义上：

（1）概化理论认为误差是变化的。经典测验理论的基础假设是真分数假设，概化理论认为应试人的心理特质不能抽象地描述为真分数，而应根据测验设计和使用测验的需要，把测验结果放在特定的条件范围中解释。同样一个测验的分数，如果使用分数的情境不同，分数具有的含义也不同，所以分数中包含的各种误差也是变化的。经典测验理论中误差是恒定的，在任何情境下对任何应试人都是一样的，这一点和概化理论是不同的。

---

① 李传益：《主观考试信度的计算方法》，《考试周刊》，2009年第24期，第1页。

② 杨志明、张雷：《测评的概化理论及其应用》，教育科学出版社，2003年版，第14页。

（2）概化理论中误差的来源是多方面的。经典测验理论中误差是一个整体，没有办法继续分解。概化理论在经典测验理论基础上引入"侧面"（facet）这个概念，认为每一个"侧面"都是一个误差来源。例如我们考查应试人的普通话水平，除了他的普通话水平之外，所有其他可能影响应试人分数的因素都是"侧面"。如在测验时的任务类型（是采用朗读还是对话）、评分员的数量等都可以作为测量的"侧面"。每个侧面又可以分为不同的水平，如选用2种不同类型的作业任务来考察应试人的写作能力，作业任务侧面就可以分为2种水平。

（3）概化理论中分析测验误差的方法是方差分析。概化理论是经典测验理论的一种延伸，它在经典测验理论的框架上加入实验设计和方差分析（ANOVA）、多元方差分析（MANVOA）方法。方差分析技术可以将不同来源的误差分解，详细地分析总误差的各种来源，并计算不同来源的误差占总误差的比例，从而估计不同的误差对分数的影响。例如，在汉语口语测试中，概化理论可用于估计评分员评分的误差对应试人所得分数的影响。

（4）概化理论把测验误差分为相对误差和绝对误差。经典测验理论把误差分为系统误差和随机误差，概化理论认为每个测量"侧面"都是系统误差的来源。相对误差是由所有随机误差引起的测量误差，测量对象自身的稳定性和各种影响分数的因素之间的交互作用是随机误差的来源。绝对误差是测验中所有无关因素及因素之间交互作用所引起的测量误差。

（5）概化理论衡量信度的指标和经典测验理论不同。经典测验理论中的信度用相关系数表示，相关系数是反映数据之间共变关系的指标。在概化理论中，概化系数$E\rho^2$相当于CTT的信度系数，$E\rho^2$是测量分数中有效变异占应试人总分数的比值。

概化理论区分不同情境下的测试分数，认为同一个分数在不同的情境中有不同的意义，其包含的误差分数也不同。概化理论引入了多元统计分析技术，将应试人的分数进一步分解，进而可以得出误差引起的分数变异。应试人的分数由误差变异和目标变异组成，如果目标变异占应试人分数的比例较大，则测量的误差较小，说明这个测试的概化系数高，具有较高的信度。如果概化系数小，说明目标变异太小，混入的误差太多，应试人的分数信度不高，不能准确反映应试人的能力水平。和经典测验理论相比，概化理论提供了一种关于信度的新思路，有助于我们对测验误差的理解。使用概化理论计算测试的信度，计算的是概化系数，也就是目标变异占应试人总分的比例。

6.3.1.3　项目反应理论中的项目信息

经典测验理论和概化理论对信度都非常重视，信度是这两种测验理论的重要组成部分。另一种重要的测验理论项目反应理论（item response theory）和这两种理论相比，更注重测验内部的实质关系。项目反应理论研究的是应试人的能力水平和试题回答正确有否之间的关系。

项目反应理论实用数学模型估计应试人的能力参数和试题参数。研究项目反应理论的一个主要目的是开发"计算机自适应测验"（Computerized Adaptive Testing，简称CAT），也称作"量体裁衣式测验"。开发这种测验首先要有一个非常大的题库，题库中的题目都标有难度（P value）、区分度（discrimination）等题目参数。应试人参加测验时先做难度适中的题目，如果应试人回答正确，计算机会挑选更难的题目给应试人，如果应试人回答错误，计算机则挑选更容易的题目给应试人。项目反映理论中，根据使用的模型不同每道题目有1—3个题目参数。同时，每个题目还有一个"项目信息函数"可以提供题目所包含的心理测量信息（费舍尔信息）的大小。项目信息函数具有以下几个特征：

（1）测验越长，误差越小；

（2）题目质量越好（区分度越高），误差越小；

（3）题目难度与应试人能力越接近，误差越小；

（4）和CTT不同的是，IRT每个人有一个标准误差。

可以看出项目信息函数反映的信息和信度反映的信息比较类似。由于项目反应理论多应用于"计算机自适应测验"，所以更重视单个题目的参数。在此理论框架下没有一个专门反映整套试卷稳定的参数。

虽然如此，项目反应理论对测验误差的分析仍然十分重视。近年来，有些研究者使用项目反应理论（IRT）研究主观考试的评分，并且开发了专门用于分析主观考试评分的模型，用来量化测评评分员的在评分过程中的差异。其中，多面Rasch模型和潜在类别信号反应模型在主观考试评分中的应用尤其引人注意。

Rasch（1960）使用丹麦军队能力倾向测验中的数据，研究如何测量人的认知能力，他构建了单参数logistic模型（通常称作Rasch模型）。随着Rasch模型的不断拓展，先后有很多人对此模型进行了改造。丹麦数学家Linacre在此模型的基础上，沿着自己的思路将Rasch模型改造成适用于主观考试评分的模型，应用此模型研究主观评分可以量化项目所反应的主观能力方面的因素，然后再进行统计分析。由于多面Rasch模型在对多侧面进行考察时，有着其他模型不可比拟的优点，因而越来越受到人们的关注，它在主观评分领域的应用也越来越广泛[①]。

除多面Rasch模型以外，Lawrence L. DeCarlo提出潜在类别信号检测模型，这个模型将传统的信号检测模型推广到潜在类别事件中，用模型研究主观测

---

① 罗丹：《多面Rasch模型在HSK（中级）口语评分检验中的应用》，北京语言大学硕士学位论文，2008年。

试可以估计出评分员的评分精度（辨别力参数d值），判断标准C值，应试人最后的等级分布以及对应试人表现分类的准确度，这些参数可以用来估计应试人的评分表现和评分质量。DeCarlo, L.T.曾经应用该模型进行过模拟数据研究和ETS实际数据分析，分析结果表明d值和C值与传统的信度指数相比，能够提供更多的有效信息[①]

6.3.2　信度的重要性

信度在语言测试中非常重要，这是因为：信度是效度的前提，没有信度就不可能有效度。

效度，又叫有效性，一般定义为测验在何种程度上测出了它宣称要测的东西。研究测验的效度就是要回答两个问题：我们开发的测验测到了我们要测的东西了吗？如果测到了，其有效程度如何？[②]效度是语言测试中最复杂的概念之一，也是语言测验中最重要的概念。

早在19世纪，高尔顿就已经对卡特尔测量人的个体差异的工作做过评论：（卡特尔的）这些测量结果，就应该和另一个关于人的能力的独立的估计相比较，只有这样，我们才能知道哪个测量结果是最有意义的。[③]1921年，National Association of Directors of Educational Research的标准化委员会要出版一个术语表，于是向其会员征求意见，该委员会主席Courtis（1921）在研究报告中说：测量中有两个最重要的问题，一个是要确定测验测的是什么，另一个问题是测量的稳定性如何。前者应叫作效度问题，后者则叫作信度问题，这是效度

---

① 许佳慧：《潜在类别信号检测模型在HSK高等作文评分中的应用》，北京语言大学硕士学位论文，2010年。

② 张凯：《语言测试理论与实践》，北京语言文化大学出版社，2002年版，第139页。

③ Rogers, T. B,. 1995. *The Psychological Testing Enterprise: An Introduction.* Belmont: Brooks/Cole Publishing Company1995：183.

概念首次明确提出。[①]

对一个测验效度的研究是证实这个测验有效性的过程。测验是否有效是一个非常复杂的问题，人们对这个问题的认识经历了三个阶段。起初人们认为效度有很多种，例如内容效度（content validity）、效标关联效度（criterion-related validity）和构想效度（construct validity）等。不同种类的效度分别从不同角度证实测验的有效性，它们之间是互补的关系。人们使用多种统计方法验证测验的效度，在这个过程中对测验效度的概念有了深入了解，特别是对构想效度的认识发生了变化。构想效度是对测验所测构想（construct）有效性的验证过程，这个过程中的很多证据来自对内容效度、效标关联效度等的验证。有人提出了"效度概念一元化"，也就是说在效度概念中只有"构想效度"这一种效度类型，其他效度类型只是构想效度的下位概念，是验证构想效度的一种前提。张凯（2004）[②]提出构想效度的证明过程必须要遵守科学测量必须遵守的步骤。科学的测量过程分为探索性测量和应用型测量两大类，目前对语言测试构想效度的研究还处于一个探索性测量的阶段。

效度是语言测试领域中最复杂的概念，也是最重要的概念。从以上对效度的概念分析可以看出：我们说一个测验有效，需要收集来自多方面的证据。根据经验我们知道人的能力水平在一段时期内不会发生大的变化，对人的能力水平的精确测量结果应是稳定的，这种现象反映在测验分数上就是测验分数比较稳定，即测验分数具有高信度。实际测量过程中不可避免地有测量误差存在，所以每次的测量结果不可能完全一样。如果混入的误差太多，测量结果的稳定性就会降低，即测验的信度不高。

---

① Rogers, T. B,. 1995 *The Psychological Testing Enterprise: An Introduction.* Belmont: Brooks/Cole Publishing Company.

② 张凯：《测量是理论的组成部分——再谈构想效度》，《云南师范大学学报（对外汉语教学与研究版）》，2004年9月第2卷第5期。

测验的高信度是测验的高效度的前提条件。只有信度高，测验才可能具有高效度。如果一个测验不稳定，那么我们也无法判断这个测验到底测到了哪种能力。

一个高信度的测验并不一定具有高效度。信度指的是测验的稳定性，一个有效的测验必定是稳定可靠的，但一个稳定的测验并不一定是一个可靠的测验。效度是测验的有效性，测验有效与部分取决于测验的目的。如果一个测验是要测量应试人的普通话水平，但是组织者拿了一份数学试卷来考，得到的分数结果很稳定，但我们不能说这是一个有效的测验。因为这个测验根本没有测到应试人的普通话水平，对于测量应试人普通话水平而言，这是一个无效的测验。

总而言之，测验的信度是测验效度的充要条件。效度高的测验信度一定高，但是信度高的测验却不一定效度高。

6.3.3　一致性和信度的比较

经过以上对信度概念的梳理，我们发现一致性和信度有类似之处，但也还是有区别的。

信度和一致性的相同点表现在：

（1）二者都是一个稳定性指标。信度越高，测验分数越稳定；一致性也高，测验分数也越稳定。信度和一致性都是反映稳定性的指标。

（2）二者都是人的特征。一致性是人的特征，评分员信度也是人的特征。信度可以是测验的信度，也可以是人的信度。在主观测试中，信度通常表现为人之间的相关系数。在测试实践中，我们也以评分员间信度来作为评价评分员的指标。

（3）二者都可以用相关系数表示。信度的计算方法很多，不同的信度计算方法不同，大部分信度计算方法实质上都是计算变量之间的相关系数。根据变量数据类型不同，选择的相关系数不同。我们考查评分员的一致性，也可以采用相关系数作为指标。根据一致性的定义，一个评分员的一致性变化不大，所以可以使用评分员对不同应试人评分时的严厉度值之间的相关作为一致性指标。

信度和一致性的不同点有以下几点：

（1）主体不同。一致性是评分员的一致性，而信度一般指的是测验的信度、还可以是单个试题的信度，也可以是评分员的信度。而一致性只是评分员的特性。

（2）理论基础不同。信度是基于经典测验理论中的真分数假设的：$X=T+E$，其中X是观测分数，T代表真分数，E代表随机误差。[①]而一致性的基础假设是"$X=T+S+E$"，观测分数等于测量分数的系统变异（由真分数和评分员的严厉度变异）加上随机误差。

（3）计算方法不同。当有不同的评分组存在时，主观测验的信度崖依赖于不同组间的变异，是不同组间评定者之间变异的指标。而一致性不考虑不同组间的变异，仅考虑每一独立组内部评定者之间的共同变异部分，它表示评分员对同一对象做出评定的实际一致性程度[②]。

（4）变化趋势不同。信度和评分员一致性的变化方向并不完全一致。Tinsley和Weiss（1975）的研究发现：当评分员之间一致性很差时，评分员信度可能还比较高；而在评定员之间一致性很高时，也能出现评分员信度很低

---

① Bachman, L. F., 1990. *Fundamental Considerations in Language Testing*, Oxford University Press.

② 徐晓峰、刘勇：《评分者内部一致性的研究和应用》，《心理科学》，2007年第5期，第1176页。

的情况①。

6.4　实证研究

对评分员一致性的评价是建立在对评分员严厉度评价基础之上的。使用多面Rasch模型进行分析时，FACETS软件同时输出评分员的一致性量化结果，详见附录四。在多面Rasch模型中，Fit值是评分员评分稳定性程度的指标，反映模型预期值和观测值之间的差异。Fit值有两种：infit值和outfit值。附录四中的第七列和第九列分别是两种一致性参数值。

6.4.1　研究假设

一致性是反映主观测试评分员严厉度稳定程度的指标。有的评分员严厉度保持得比较稳定，对一些应试人严格的话对其他应试人也严格，有的评分员有时严格、有时宽松，严厉度值不稳定，可能对部分应试人严格，而对其他应试人宽松，或者对不同应试人严格的程度不同。本研究假设：评分员在评分过程中一致性不同，有的评分员比较稳定，而有的评分员则很不稳定。

6.4.2　统计结果分析

一般情况下，给同一个应试人评分，严格的评分员倾向于给出一个比较低的分数，而宽松的评分员倾向于给出更高的分数。在实际评分活动中，评分员的严厉度并不是一成不变的，可能会有一定的波动，也就是说，评分员

---

① 徐晓峰、刘勇：《评分者内部一致性的研究和应用》，《心理科学》，2007年第5期，第1176页。

有时候评分更严，有时又会比较宽松。如果评分活动中，评分员一致性的变化幅度和自己的严厉度不符，给出了过高或过低的分数，fit值可以显示出评分员的这种异常。

在多面Rasch模型中，fit值是评分员评分稳定性程度的指标，反映模型预期值和观测值之间的差异，fit值为1说明模型拟合情况良好。infit值全称为infit MnSq，即加权的均方拟合统计量，outfit值全称为outfit MnSq，是未加权的均方拟合统计量。两种fit值中，outfit值容易受极端异常值影响，如果某个自身一致性较好的评分员偶尔给出一个异常值则outfit值波动较大，显示异常。而infit值更能反映评分员自身的一致性程度。所以我们一般选用infit值作为反映评分员一致性程度的指标。

根据附录四显示，此次研究中infit值为1的评分员有一位，是编号为41的评分员，说明他的一致性极强。还有两位评分员的infit值为1.01，分别是编号为78和67的评分员。结合他们的严厉度值来看，第78号评分员严厉度值较大，为0.55，说明他是一位比较严厉的评分员，给分偏低，并且这种趋势保持得很稳定。第67号评分员，严厉度值为-0.22，说明这名评分员评分较为宽松，给分偏高，且一直偏高，保持稳定。第41号评分员严厉度值为0.34，是一位较为严厉的评分员，给分偏低，且非常稳定。综合判断这三个评分员的严厉度和一致性指标值，我们可以推测第67号评分员的评分质量最高，第41号次之，第78号是较差的。但是综合全部70位评分员来看，这三位的评分质量都是很高的，都是可以接受的。全部70位评分员中，第55号评分员的评分质量是最高的，严厉度适中，且适中保持稳定。

对infit值在多大范围内可接受，研究者可根据自己研究的实际情况来定，目前还没有一致的看法。Lumley&McNamara（1995）、McNamara（1996）认为，infit可接受的取值区间为离平均值的±2个标准差之间。[①]卢恩玲（2010）的研究也采用了这种评价标准，结果显示她的研究中infit值的可接受范围是（0.66，1.56），9名评分员中只有1名评分员的infit值不在此范围内。

还有的研究者认为infit值在0.8—1.2之间是一个理想范围。Bonk&Ockey（2003）认为，infit取值在0.7—-1.3的范围内，可以认为评分员具有较好的前后一致性。袁帅（2010）针对HSK（高等）口试部分的研究也采取了这个标准，该研究认为如果某位评分员的infit值大于1.2，则表明该评分员的评分一致性较差，若小于0.8，则说明该评分员评分中的差异太小，评分时可能存在一定的趋中效应或光环效应[②]。参与此次研究的9位评分员中7位评分员的infit值和outfit值处于可以接受的范围内，infit值的取值范围是（0.76，1.51），outfit值的取值范围是（0.68，1.42），有78%的评分员的一致性指标是合格的。

附录四中第5列是infit值，其中最大的infit值为3.11，最小的为0.18，全距为2.83。全部70位评分员中一致性infit值大于1.2的有14位，占20%，infit值小于0.8的有30为评分员，占到全部70位评分员的43%。若以0.8—1.2为infit值的评价标准，则合计有63%的评分员一致性不合格。若以平均值的±2个标准差为可接受范围，根据附录四显示，此次70位评分员的infit值平均分为0.98，标准差为0.58，那么此次评分员的一致性可接受范围是-0.18—2.14。统计结果显示，一致性指标大于2.14的评分员共有4位，没有小于-0.18的评分员，共有66位评分员一致性合格，合格率为94%。

对比以前其他关于HSK（高等）口试的研究，我们发现：使用多面Rasch

---

① 袁帅：《多面Rasch模型在HSK（高等）口语考试中的应用》，北京语言大学硕士学位论文，2010年，第22页。

② 袁帅：《多面Rasch模型在HSK（高等）口语考试中的应用》，北京语言大学硕士学位论文，2010年，第22页。

模型分析出来的评分员一致性情况infit值和应试人的样本量有关。庐恩玲（2010）中作为共同人的应试人为19位时，infit值的取值范围在0.47—1.4之间，有4位评分员的infit值超出了0.8—1.2的范围，占到了全部9位评分员的45%。当作为共同人的应试人为20位时，infit值的取值范围在0.51—1.55之间，有5位评分员的infit值超出了0.8—1.2，占全部9位评分员的55%。而袁帅（2010）的研究中，78%的评分员infit值都在0.8—1.2。那么我们有理由推断，评分员的一致性参数和作为共同人的应试人人数有关，应试人人数越多，评分员的表现越稳定。这个结果和我们的经验判断是一致的。在把infit值作为评价评分员的指标时，应根据评价的实际需要来制定合格标准。当应试人人数不多时，采用平均值的±2个标准差为可接受范围比较理想。

根据此研究的实验设计，我们认为出现这种情况是由于作为共同人的应试人人数太少导致的。一致性反映同一评分员对所有应试人评分的稳定性程度，当应试人太少时，评分员的一致性程度会被夸大。其次这个实验在挑选共同应试人时，每个分数等级的应试人挑选1—2名，这种设计是考虑到量化评分员严厉度差异的需要。有研究显示，同一个评分员的严厉度在不同的分数等级上会有所不同。为了取得反映评分员严厉度的真实样本，我们选择应试人时从最高等级到最低等级每个等级都选择了共同人。根据正态分布，中间分数的应试人最多，所以选择了1个3-，1个3、2个3+，详见表5.1。我们选择的共同人也可能是造成此次评分员一致性结果跨度较大的原因。

6.4.3　结论

此次研究结果说明，HSK（高等）口试的评分员在评分过程中的一致性不同。有的评分员评分严厉度稳定，而有的评分员评分的严厉度不稳定。70位评分员中，一致性指标值最大的是6号评分员，一致性值为3.11，最小的是第52号评分员，一致性值为0.18。70位评分员的一致性值各不相同。

　　我们对普通话水平测试的实证研究中，评分员的一致性infit值在0.06到0.84之间。因为样本量较少，infit值和outfit值不太理想，但所有的评分员infit值都在平均值的±2个标准差之间，说明普通话水平测试评分员的一致性不错，可以接受。

　　以上结果说明，在汉语口语测试中，不同的评分员一致性值不同。多面Rasch模型可以反映评分员一致性的差异。

6.5　一致性评价的效度检验

　　本部分是关于评分员一致性的效度检验，看使用多面Rasch模型得出的一致性指标是否有效，是否能准确地反映评分员一致性的差异。

　　infit值表示评分员严厉度的稳定程度。评分员一致性程度的取值范围在平均值的±2个标准差。如果某个评分员的一致性值不在这个范围之内，大于区间上限，说明他在评分过程中内部标准不一致，有时严格、有时宽松，如果低于区间下限，说明他们没有使用全部的等级进行评分[①]。

6.5.1　对区间上限的检验

　　区间上限代表评分员严厉度的一致性程度。如果评分员的一致性值高于上限，则说明该名评分员的严厉度不一致，且已经影响到了评分质量。

---

　　① 罗丹：《多面Rasch模型在HSK（中级）口语评分检验中的应用》，北京语言大学硕士学位论文，2008年，第27页。

6.5.1.1　异常评分员分析

本研究中，一致性值的可接受区间是（-0.18，2.14），infit值超出区间上限的有4位，分别是编号为1、6、19和79的评分员。他们的严厉度值和一致性值如下表6.1所示：

表6.1　异常评分员严厉度、一致性值

评分员编号	严厉度值	一致性值（infit值）	outfit值
1	0.34	2.71	2.23
6	0.12	3.11	2.57
19	-0.22	2.48	1.83
79	-0.09	2.74	2.08

高于区间上限的评分员有4位，这4位评分员的严厉度值都还不错，在可接受范围之内。偏离程度最小的第79号评分员，说明他评分的整体质量令人满意，但他的一致性值为2.74，超出了可接受区间上限，说明他的一致性有问题。我们参考他的outfit值，2.08高于理想值1，说明他在为某些应试人的分数上比较异常，所评分数中有几个极端值。我们列出此4名评分员的评分结果，见表6.1。

表中R1、R6、R19、R79代表编号为1、6、19、79的评分员，E1—E12代表12位应试人，实测值是2010年10月应试人的实际得分。我们以实测值作为评价标准，以infit值最大的评分员6为例，他评出的12个分数中，低于实测值的有6个，高于实测值的有4个，2个和实测值一样。这个现象说明，他的严厉程度不稳定，一直在变化。R79的infit值是第二高的，他所评12个分数中，低于实测值的有5个，高于实测值的有6个，1个是实测值一样。情况与R6类似。

表6.2　异常评分员评分情况表

	R1	R6	R19	R79	实测值	R41
E1	11	11	11	11	12	8
E2	0	0	0	0	9	7
E3	8	8	8	7	6	5
E4	2	7	8	8	7	2
E5	4	5	5	2	3	2
E6	11	10	10	10	11	10
E7	9	10	11	10	10	11
E8	9	6	10	10	8	9
E9	11	6	9	10	7	9
E10	1	3	4	3	5	3
E11	6	6	6	5	4	4
E12	1	6	3	5	2	3

　　为了和一致性值较高的评分员做比较，我们选择infit值为1的评分员R41，他12个评分结果中有9个都低于实测值，是一位较严厉的评分员。12个分数中，只有3个分数较为宽松，和R1、R6、R19、R79四位评分员比起来，R41的一致性比较高。

　　分析结果说明，一致性值可以反映评分员严厉度的稳定程度，超出一致性可接受区间上限的评分员严厉程度不稳定，容易变化。

6.5.1.2　严厉度差值检验

　　一致性是反映严厉度变化的指标。一致性强的评分员严厉度值稳定，而一致性差的评分员严厉度值不稳定。根据这个推论，我们研究了评分员的严厉度值的变化。

　　本次实验数据来自2010年10月HSK（高等）口试，共有70位评分员为12位应试人评分。我们将这些数据分成两部分，每部分是70位评分员为6位应试人评分，我们使用这两组数据重新计算了评分员的严厉度和一致性值。为了考虑分组可能差生的误差，我们平衡了应试人的实测成绩，保证两组中都有高分段、中间段和低分段的应试人。实际分组情况如下所示：

表6.3　12位应试人分组情况表

第一组	E1	E2	E3	E5	E7	E10
第二组	E6	E8	E4	E11	E9	E12

这样每位评分员分别得到了3个严厉度值。为了排除相同应试人的因素，我们计算了两组为6名应试人评分之间的严厉度差值。用这个差值和评分员一致性指标比较。如果评分员的一致性较高，我们认为这2组评分员严厉度值之间的差距较小，如果评分员一致性较低，则评分员严厉度数值差距较大。差值越大，一致性越高，差值越小，一致性越低。差值和一致性数值之间应存在正相关关系。

对评分员的严厉度差值和一致性值做相关分析，结果显示：

Spearman's rho	VAR00001	Correlation Co-efficient	1.000	.265*
		Sig.（2-tailed）	.	.030
		N	70	70
	VAR00002	Correlation Co-efficient	.265*	1.000
		Sig.（2-tailed）	.030	.
		N	70	70

* Correlation is significant at the .05 level（2-tailed）

相关系数在.05水平显著，说明评分员的一致性数值和严厉度数值存在相关关系，也就是说，一致性可以反映严厉度变化的程度。

6.5.2　对区间下限的检验

如果评分员一致性值超出了可接受区间的下限，说明评分员在评分过程中没有使用全部评分等级进行评分。在应试人样本量足够大的情况下，应试人的口语能力水平成正态分布，理论上每个等级都应该被使用到。评分员没有使用所有的评分等级，说明评分员的评分存在误差，评分员对某个等级评判不准确。产生这种现象，可能有以下两种原因：

1. 评分员回避极端分，出现了趋中效应；
2. 评分员对评分标准的理解有问题。

在第一种情况中，评分员回避极端分数，主要是为了尽量缩小和评分专家的评分差距。以HSK（高等）口试为例，在测试实践中，曾经以等级分数差大于4作为复评标准。如果评分员打6分，专家打分在（2，10）这个区间中，评分员都是安全的。如果评分员打10分，他的安全区间缩小为（6，12）。再极端些，如果评分员打12分，他的安全区间则缩小为（8，12）。分数越居中，评分员越安全。这是产生趋中效应的一个重要原因。

在第二种情况中，评分员是对某个或某几个等级的评分标准把握不准，无法判断，而不是有意为之。例如在普通话水平测试（PSC）中，对最高等级"一甲"的评判就存在这种问题。有研究显示：评分员对一甲的测评正确率只有14％，对二甲到三甲三个等级的评定正确率都达到了80％以上。[1]很多评分员对这个等级评判不准，是因为自身的普通话水平达不到"一甲"水平，无法判断应试人的语言表现到底有多好。

――――――――――

[1]　吕洪雁：《浅析评分员对普通话水平测试结果的影响》，《江汉大学学报（人文社会科学版）》，2002年4月第21卷第2期，第18—20页。

对区间下限的检验，可通过检验评分员评分结果是否符合先验分布来判断。应试人样本量足够的情况下，应该呈正态分布。我们此次虽然选择的应试人样本有限，只有12人，但我们挑选应试人时考虑到了样本分布的问题，12人的口试成绩大体上呈正态分布。12人中不仅高、中、低水平的应试人都有，而且中间水平的应试人占多数。

我们统计了70名评分员的评分结果，有97.3%的评分员都使用了所有的评分等级。其他3.6%的评分员使用了12个等级中的11个等级。从整体看，这个结果是令人满意的。此次研究的70名评分员中没有低于infit值可接受区间下限的，说明评分员对评分等级的使用是合理的。

综上所述，使用多面Rasch模型计算得到的一致性参数infit值，可以反映汉语口语测试评分员的严厉度稳定程度。

6.6 本章小结

提到一致性很多人会联想到"信度"，一些学者使用评分者内部信度来代替评分者内部一致性，甚至还存在将二者完全等同的情况[①]。本章研究的一致性和信度不同，指的是主观测试中评分员严厉度的稳定程度，即评分员的严厉度一直不变还是有时严格、有时宽松。我们首先系统梳理了信度理论的发展，在此基础上比较了信度和一致性的异同点，从而厘清了信度和一致性这两个概念之间的关系。

一个好的评分员，他的评分质量高不仅表现在严厉度水平上，还表现在严厉度的稳定性上。在实证研究中，我们对使用多面Rasch模型计算得出的评

---

① 徐晓峰、刘勇：《评分者内部一致性的研究和应用》，《心理科学》，2007年第5期，第1175页。

分员一致性值进行了分析，结果表明，评分员的一致性整体良好。70位评分员中有4位评分员的一致性值过高，说明他们的严厉度稳定程度较低，评分活动中存在有时严格、有时宽松的情况。70位评分员中没有评分员过低，说明各位评分员都很好地使用了评分量表，符合分数的预期分布。这个结果说明汉语口语测试中，评分员的一致性存在差异。一致性可以作为反映评分员评分质量的指标。同时多面Rasch模型能够量化评分一致性上的差异，是一种可靠的衡量一致性差异的模型。

本章在对评分员一致性进行效度检验时，使用了"严厉度差值检验"，目前尚未见到有使用这种方法的研究。结果证明，这种检验方法可以反映评分员严厉度的变化情况，是一种可靠的方法。

第7章 评分员内化评分标准研究

——评分员"绩效"差异原因探析

7.1 引言

不同评分员的评分质量不同，表现在评分员的严厉度和一致性的差异上。之前我们探讨了对评分员评分质量进行量化的方法，并进行了效度检验。本章我们试图进一步揭示评分员评分质量不同的深层原因。一直以来人们认为，评分员对评分标准（scoring criteria）的使用，这是产生评分员变异的一个主要来源。在汉语口语测试中，评分员对评分标准的解释、把握不同，就可能导致评分员评分质量不同。

7.2 内化评分标准的内涵及鉴别

7.2.1 定义

评分标准在评分员的评分过程中处于非常重要的地位。在主观测验中，应试人的语言表现可从很多角度评价，有的测验要求评分员整体考查应试人的语言水平，有的测验要求评分员分项考查应试人的语言水平，例如从语法、词汇、流利程度等几个方面分别打分。根据评分标准有一个还是多个，评分方法可以被分为整体评分（holistic rating）和分项评分（analytic rating）。从评分员的角度来看，整体评分时评分员用一个认知渠道来把握应试人的水平，分项评分时评分员同时从几个认知渠道来给应试人评分。

评分标准是客观的、统一的，但是对评分标准的把握每个评分员是不一样的。每个评分员在评分过程中对评分标准的不同理解和把握，我们称之为评分员的内化评分标准。

7.2.2　研究方法述评

7.2.2.1　内省法

在评分员内化评分标准的研究中Cumming（1990）[①]是很有影响的。他使用了"内省法"（think-aloud）研究评分员的评分过程。请评分员把自己评分时的心理过程讲出来，Cumming共收集了28份样本，从中总结出了几种主要的内化评分标准类型。同时，他还比较了熟练的评分员和不熟练的评分员内化评分标准的差异。

Vaughan（1991）的研究发现，评分员的阅读风格（reading style）会影响他对评分标准的把握。她归纳出一些评分员对评分标准把握的类型，例如：第一印象主导式、两因素主导式、语法主导式等。第一印象主导式的评分员以自己对应试人语言水平判断的第一印象为准。两因素主导式的评分员以两种语言要素为主要评判标准，例如注重语法和语言的组织。而语法主导式就是评分员特别注重应试人的语法使用情况。值得注意的是，这些评分员也都

---

① Cumming, A., 1990. Expertise in evaluating second language composition, *Language Testing*,7.

经过了统一的培训。当评分细则规定不明确的情况下，评分员个人的阅读风格更容易对评分过程产生影响。

Sakyi（2000）研究整体评分法时，发现了评分员中存在四种不同的内化评分标准。这四种评分类型关注的评分重点不同，分别是（1）话语中出现的错误；（2）话语主体和对观点的陈述；（3）评分员对话语的个人反应；（4）评分指南细则。[①]在此四种类型的基础上，Sakyi还提出了一个关于整体评分过程的实验性的模型，在此模型中，内容（content）和语言（language）是影响评分员对应试人表现评价的两大因素，其中，内容因素包括提出观点、组织论述以及连贯程度等，语言因素包括语法、词汇、句法和整体结构等。这篇文献指出有评分员以应试人的错误为评分关注重点，是一个比较新颖的角度。模型中还有两个影响评分员评价的因素是评分员对应试人表现的期望和评分员对自己评分过程的监管（monitoring）。

Lumley（2002）发现当应试人的表现不适用于现有的评分细则，让应试人难以评分，让评分员要重新整合他对应试人表现的评价时，评分员对自己评分过程的监管（monitoring）会影响评分结果。[②]这种现象的具体表现就是评分员对评分标准以及评分等级有了不同的理解，评分过程中的侧重点变得不同了，即评分员的内化评分标准变得不同了。

Cumming等（2002）使用"内省法"收集了评分数据，总结归纳出3种评分类型。[③]自我监控型在评分过程中会多次思考应试人的表现，并和其他应

---

① Sakyi, A.A., 2000. Validation of holistic scoring for ESL writing assessment: how raters evaluate compositions. In J.J.Kunnan, editor, *Fairness and validation in language assessment.* Cambridge: Cambridge University Press.

② Lumley.T., 2002 Assessment criteria in a large-scale writing test: what do they really mean to the raters? *Language Testing,* 2002; 19.

③ Cumming,A., Kantor,R.& Powers, D., 2002. Decision making while assessing ESL/EFL writing: A descriptive framework. *Modern Language Journal.* 86.

试人表现做比较。修辞和观点型在评分过程中会注重评估应试人话语的主题和任务完成情况。语言型更多注重应试人话语中的各种错误，以及语法表现。作者在这篇文章中提出评分要平等对待各个评分标准要素，对应试人话语的内容要素和语言要素都要考虑。

评分员的评分过程是一个复杂的认知过程。之后也有一些学者继续使用"内省法"研究评分员主观评分过程中的评分标准问题，所得结论都指出：评分员个人的阅读风格会影响他的内化评分标准。特别是当应试人的表现比较特殊，评分员使用现有的评分细则和标准难以评价时，更多的评分员个人因素，例如个人监管（monitoring）等就会在评分过程中起作用。不论统一的评分标准是什么样的，评分员内化的评分标准总是表现得不够统一。

这些研究采用的方法比较单一，都是使用"内省法"收集得到的数据进行研究。内省法也称作"出声思维"，在心理学上常用于研究思维，让应试人在问题解决或推理的过程中，将其思路用言语报告出来。①认知心理学家使用"内省法"使言语报告可以被量化了，同时使得人们可以了解思维的全过程，这是其他研究方法很难做到的。但是"内省法"存在如下缺陷。

（1）内省法很难使用在大规模的研究样本上。在大规模的调查中使用"内省法"是一件费时费力的事情。在关于评分员的研究中，评分员要回忆并写下自己的评分过程，研究者还要对评分员的评分过程分析、归纳。对研究者而言，使用内省法很难收集大规模的样本。之前的研究使用的样本量不大，大多在4-10个左右。这是使用内省法的缺陷之一。Vaughan（1991）的研究中，一共有9位评分员，这9位评分员对6篇文章的评分，通过他们的评分过程总结出了5种评分员阅读风格。连研究者本人都认为：这些研究本身是可信的，但是它们的可推广程度却很有限。

---

① 郭秀艳：《实验心理学》，人民教育出版社，2004版，第496页。

（2）让评分员对自己的心理过程进行描述并不完全可信。严格地讲，评分员的讲述是评分员自己对评分过程的主观描述，和评分过程的真实情况还不一样，讲述过程中掺杂了评分员个人的感情色彩、甚至掺入了一些评分员自己的想象。研究者使用经过评分员加工的二手数据进行研究，所得结果不一定可靠。Metcalfe（1986）设计的实验证明应试人的言语报告是不太准确的，"内省法"可能会干涉到应试人的思考过程。[①]

（3）使用"内省法"研究评分过程无法严格控制实验变量。评分员自己讲述评分过程，自然会受到评分员本人讲述风格的影响。不同的人说话风格不同，表达问题的方式也不同，导致研究中涉及的无关因素太多。例如：研究者关心评分员更看重应试人的话语内容还是语言，但是评分员讲述时可能并不涉及这两个因素，而是讲应试人的表达技巧、修辞手法等。如果研究者引导评分员讲述研究者希望听到的内容，又很难保证评分员不受研究者的暗示。使用"内省法"可以确定影响思维过程的因素，但进一步研究各个因素如何影响思维过程，影响的程度等，"内省法"往往无能为力。

（4）使用"内省法"研究结果的可推广性比较有限。评分员自己的叙述是按照自己的想法进行的，如果在大样本情况下，可能这种方法更能代表评分的实际情况，但是使用"内省法"的研究样本一般较小。如果选择的样本并非评分员的典型样本，不能代表评分员的实际情况的话，"内省法"研究的成果很难推而广之。

鉴于"内省法"的这些局限性，有学者采用别的方法研究了主观考试的评分过程。

---

① 郭秀艳：《实验心理学》，人民教育出版社，2004版，第502页。

7.2.2.2 聚类分析法

Eckes（2008）使用新的方法研究评分员的内化评分标准，他引入了多元统计分析技术，采用聚类分析（cluster analysis）研究评分员的内化评分标准，根据内化评分标准不同把评分员分为不同的评分员类型（rater types）。这个研究以德语作文考试（DAF）为材料，编写了专门的调查问卷，对问卷结果进行聚类分析后得到6种评分员类型。[①]这研究的样本量比较大，一共调查了65位熟练的、有测评经验的评分员。另外这项研究使用评分量表收集数据，研究者根据自己的研究目的设计了专门的4分量表，得出了比较令人信服的结论。目前使用聚类分析研究评分员的研究仅有此一篇，本文将尝试使用这种方法分析汉语口语测试中的评分员内化评分标准。在本章实证研究部分，我们会详细介绍这种研究方法。

综上所述，很多研究的结果都支持这样的结论：在主观测试中评分员虽然接受了统一的评分培训，评分标准也是统一的，但是评分员对评分标准的理解和使用并不相同，也就是说评分员内化的评分标准并不相同。这是评分员差异的一个重要方面，是造成评分员评分质量不同的一个重要原因。

7.3 汉语口语测试的相关研究

7.3.1 普通话水平测试的相关研究

普通话水平测试的评分标准在《普通话水平测试大纲》中有明确规定，

---

① Eckes, T., 2008. Rater types in writing performance assessments: A classification approach to rater variability, *Language Testing*, 25（2）.

普通话水平测试的评分标准共分为"三级六等"，一共有6个级别。但是在研究中发现，评分员对评分标准的理解和把握并不相同，即评分员内化的评分标准并不相同。在普通话水平测试中由2—3个评分员对同一个应试人评分，但在实际评分实践中普通话水平测试评分员常会出现对同一个应试人的评分，三个评分员相差很多甚至跨档的情况，有时虽然总分悬殊不多，但细细分析各项的评分相差甚多。[①] 可以说，在普通话水平测试的评分中，评分员也表现出了内在评分标准的不一致。

宋欣桥[②]对普通话水平测试评分中的几个重要问题进行了深入研究。他对"三级六等"的基本特征、临界等级的把握等做了剖析，在此基础上，提出了制定"普通话水平测试语音评定参照细则"的基本设想，对语音评定"正确""错误""缺陷"进行了概括性的界定，并对若干具体语音评定问题提出了自己的见解，又对朗读项的一些评分项目发表了看法。宋欣桥多年来专职从事普通话水平测试研究，对普通话水平测试评分经验丰富，这篇文章中提出的观点已经为广大评分员接受并成为普通话水平测试评分工作中的重要依据之一。

王晖[③]提出了普通话水平测试的"评分系统"这个概念。"评分系统"是指基于"等级标准"所建立的一套分数"数字化解释系统"。这篇文章阐释了评分系统与等级标准的关系，分析了评分系统的几个特点。由于"等级标准"虽然厘定了普通话水平测试各等级的分数线，但仅限于对各等级特征进行定

---

① 刘春：《试论普通话水平测试评分差异及标准把握》，《徐州教育学院学报》，2004年第1期，第96页。

② 宋欣桥：《普通话水平测试评分中的几个问题》，《语言文字应用》，1997年第3期，第32—37页。

③ 王晖：《略论普通话水平测试的评分系统》，《语言文字应用》，2004年第3期，第29—36页。

性描述，评分员并不能由此直接使用此"等级标准"作为评分的依据和标准，因此需要一套由可操作的评分标准和规则构成的评分系统。这一"评分系统"和"等级标准"共同构成了普通话水平测试成绩的解释系统。王晖提出的"评分系统"和我们讲的"评分员内化的评分标准"内涵相同。王晖的这篇文章是研究普通话水平测试评分的一篇重要文献。

刘春（2004）将普通话水平测试各个题型中评分不一致的情况做了总结归纳，并提出了克服这些评分不一致现象的方法。这篇文章总结的是徐州地区评分员的常见评分差异类型，是基于徐州地区的方言特征的研究。[①]我们说这个研究基于徐州地区，不仅是因为大部分评分员是来自徐州地区，带有徐州方言的语音特征，而且大部分应试人也是带有徐州方言的语音特征的。在全国各地都有类似的相关研究。普通话水平测试的评分标准被各地因地制宜制定成评分细则，这些评分细则更适用于当地的评分实践，更易于评分员理解和把握。

评分细则在丰富了普通话水平测试实践的同时，也出现了一些需要重视的问题。王晖[②]对全国制定评分细则的情况进行了深入的调查，分析了目前普遍存在的共性问题和需要解决的突出问题，探讨了问题出现的原因，并提出了改进评分细则质量的若干建议。

单虹、王颐嘉、乔丽华[③]认为评分细则的制定既要严格执行新《大纲》，又应密切联系本地区测试实践，同时需兼顾与以往测试实践的紧密衔接，以此为指导思想重点阐述了本地区评分细则相对于新《大纲》所做的若干修订

---

① 刘春：《试论普通话水平测试评分差异及标准把握》，《徐州教育学院学报》，2004第1期，第96—99页。

② 王晖：《普通话水平测试评分细则论析》，《语言文字应用》，2007年第4期，第100—105页。

③ 单虹、王颐嘉、乔丽华：《普通话水平测试评分细则研究》，《语言文字应用》，2008年第1期，第104—112页。

工作。

王渝光等（2007）[①]认为"尽管《普通话水平测试等级标准》明确规定了评判尺度，但在实际测评中，由于个人主观因素的影响，不同的测评员对这些尺度的理解和掌握也不尽完全相同，这些都会产生测评误差，影响测试的准确性。"他这里所说的"测评员对这些尺度的理解和掌握"即我们所定义的评分员的内化评分标准。

在普通话水平测试领域，对评分标准的研究大多是对于评分标准的解释，也可以说是对大纲评分标准的细致阐释。研究者从自己的实际测试工作实践出发，依据当地的方言特征，制定了更符合测试实践的评分细则。此外，不少研究者对普通话水平测试评分系统运行中的重要问题进行了探讨。比如，关于定量和定性相结合评分方法的运用问题（王明东[②]、王磊[③]等），也是研究中的热点问题。

7.3.2 汉语水平考试（高等）口试的相关研究

在汉语作为第二语言的口语测试领域，没有专门研究评分标准的研究。出现这种情况的原因可能有两个：一是一直以来汉语水平考试（HSK）高等口试的评分标准都是保密的，没有公开过，只有1995年版的HSK（高等）大纲中，曾对口试部分的评分标准作了简单介绍；二是对口头语言转瞬即逝，

---

① 王渝光、姚一斌、杨瑞鲲、蔡彦鹏、袁耘毅、李竹屏、陈典红：《计算机辅助普通话水平测试评分系统研究》，见国家语言文字工作委员会普通话培训测试中心编，《第三届全国普通话水平测试学术研讨会论文集》，语文出版社2007年版，第217页。

② 王明东：《精确与模糊——也谈普通话的口语测试》，《语文建设》1996年第5期，第39—40页。

③ 王磊：《普通话水平测试定量和定性结合评分浅探》，《东北师大学报（哲学社会科学版）》2002年第4期，第107—111页。

取得研究样本非常困难。

1995年版的评分标准涉及内容、结构、语法、词汇、流利性、得体性、交际性等几个方面，这基本上反映了汉语作为第二语言学习者口语能力的一般要求。但此评分标准也有若干表达不清的地方，例如5级标准中有"得体流利地表达思想"，4级为"表达尚流利得体"，而3级则变为"语言尚流利"，对"流利度"指标方面的描述语焉不详，这些疏漏容易造成评分员对评分标准理解的混乱。2002年在HSK（高等）主观考试评分培训中，对评分标准首次做了较大改进，此后便不再使用1995版评分标准[①]。2004年，HSK（高等）主观考试评分标准又进行了第二次改进，改进后的评分标准和实施细则在此后的阅卷评分及相关培训中一直沿用[②]。现行的评分标准为2004版，从内容、篇幅（说话时间）、语言形式（字、词、句、语法等）、结构、表达效果等五个方面评价应试人的口语水平[③]。每个等级的评分标准中都涉及这五个方面。和95版评分标准相比较，这五方面更加科学。字、词、句、语法归入语言形式中，和结构、表达效果、内容以及篇幅共同构成评价应试人口语水平的标准，便于评分员的理解和把握。这两次改进的最大变化是每个级别的评分标准中，增加了这个级别应试人的"评分要点"，每个级别的"评分标准"都分为"标准表现"和"评分要点"两部分。"评分要点"，揭示该等级区别于其他等级的标志性特征，以此作为评分的重要依据，这就更有利于迅速把握标准，提

---

① 聂丹：《汉语水平考试（HSK）写作评分标准发展概述》，《云南师范大学学报（对外汉语教学与研究版）》，2009年第6期，第17页。

② 聂丹：《汉语水平考试（HSK）写作评分标准发展概述》，《云南师范大学学报（对外汉语教学与研究版）》，2009年第6期，第18页。

③ 2002和2004版评分标准尚未出版，只在评分培训中使用。本文只对评分标准做总结和评价，未作为附录引用。

高评分效率[①]。"评分要点"的另一重要作用是为使用评分标准做补充说明，例如3级以上的"评分要点"中要求内容、篇幅、语言形式、结构、表达效果5个方面都达到评分标准要求才能获得相应级别的分数，3级以下则五个方面中有一个符合评分标准就能获得相应级别分数。这种"标准表现"和"评分要点"相结合的方式具有很强的操作性，便于评分员尽快掌握评分标准，区别各个级别的典型表现和特征。

和国外的研究相比，我们关于评分标准的研究多是评分员经验总结，缺少抽象的分析。研究者即是研究对象，研究者把自己的评分经验记录下来供其他人参考，这种情况下，一些专门从事测试研究的学者的文章就成为评分中的依据。但是这些经验对不对，为什么对？则很少有人探究。在研究方法上，国内关于口语测试评分员的研究没有采用固定的研究模式。国外使用内省法（think-aloud）研究心理过程，这是心理学研究的一个传统方式。多元统计是统计学中研究复杂现象的方法。聚类分析（cluster analysis）是把变量分类的一种方法，可以把任何没有分类信息的资料按照相似程度归类，有一定探索性的味道。[②]

7.4　实证研究

在汉语口语测试领域，目前还没有见到对评分员的内化评分标准，即评分员类型（rater types）的研究。为了研究在汉语口语测试中评分员类型的情况，我们进行了一次问卷调查。此次调查参与的评分员比较多，并且采用了

①　聂丹：《汉语水平考试（HSK）写作评分标准发展概述》，《云南师范大学学报（对外汉语教学与研究版）》，2009年第6期，第18页。

②　张文彤：《SPSS11统计分析教程（高级篇）》，北京希望电子出版社，2002年版，第166页。

量化分类的方法对评分员类型进行分类。此项研究的目的是为了系统比较评分员之间的差异，并以此作为了解评分员之间一致或不一致的一个渠道。

7.4.1 研究假设

先前的很多研究都支持这样的看法：评分员在评分过程中的表现，即使是经验丰富的评分员，或者经过严格培训已经知晓如何使用评分细则的评分员，他们在评分过程中的表现都是不同的。最重要的是，评分员的评分过程受他自己阅读风格的影响，形成了不同的内化评分标准类型，不同内化评分标准类型的评分员对应试人话语特征的侧重点不同，对应试人话语中不同信息的处理方式也不同。根据不同的内化评分标准类型，评分员可以分为不同的评分员类型（rater types）。本项研究的假设可以具体阐释为：

（1）根据内化评分标准的不同，评分员可分为不同的评分员类型（rater types）。

（2）评分员内化评分标准会影响评分员的评分质量。

根据研究假设，评分员根据内化评分标准的不同可分为不同类型，且不同的评分员类型形成了一个相当同质的评分员类型连续体。在此连续体上，不同的评分员类型的内化评分标准存在质的不同。关于评分员类型的分类研究，有助于我们了解评分员如何使用评分标准。在测试实践应用中，对评分员类型的研究可以作为评分员培训、评分员管理和评分员评价的依据，有助于改善测试的效度。

7.4.2 研究对象

本研究选用2010年10月汉语水平考试HSK（高等）口试为研究材料，参加本次问卷调查的共有90位评分员，收回问卷87份，有效问卷有82份。82人中男性13人，女性69人，都是北京语言大学的教师或研究生，专业均为语言学及应用语言学或对外汉语教学，均为语言学及对外汉语教学领域的专业人士。

82位评分员中，24人是无经验的评分员，第一次参加评分工作；58人是有经验的评分员，不止一次参加过评分工作。不论有经验的评分员还是无经验的评分员，在此次评分工作之前，都参加了严格的评分培训。培训的内容包括学习评分标准、学习标杆卷和试评。标杆卷指的是能代表HSK（高等）口试每个级别典型特征的应试人试卷。评分员中最小的22岁，最大的35岁，所有评分员均为自愿参加调查，且均被告知此次调查结果不会作为评价评分员的依据。

7.4.3 研究方法

聚类分析（cluster analysis）是一种常用的多元统计方法，聚类分析观察的是食物的相近（或相似）程度。人们常说"物以类聚、人以群分"，聚类分析就是观察事物之间有什么相同点和不同点，并根据这些特点对事物进行分类。聚类分析的根本目的就是寻找同质性组别。根据桂诗春、宁春岩（1997）中的介绍，聚类分析在语言学中的应用有社会语言学使用聚类分析区分不同说话人的群体；语言习得用聚类分析来了解儿童的语言发展阶段。[1]汉语口语测试评分中的评分员在评分过程中的表现各不相同，我们研究评分员的内化评分标准，使用聚类分析可出评分员的评分类型，内化评分标准相同或接近的评分员聚为一类。当参加聚类的评分员达到一定数量，并且取样合理，能代表现在整个评分员群体的特点时，我们对评分员的聚类结果可看作是全体

---

[1] 桂诗春、宁春岩：《语言学方法论》，外语教学与研究出版社，1997年版，第376页。

评分员的评分员类型。如果有个别评分员不能和其他评分员成功聚类，则我们有理由认为此评分员的内化评分标准比较特殊，和大部分评分员类型不同。此研究结果可以为评价汉语口语评分员提供相关信息，可以用于甄别内化评分标准特殊的评分员。

本研究采用的方法是等级聚类分析法（Hierarchical Cluster analysis），又称做系统聚类分析，或分层聚类分析。这是使用比较广泛的一种聚类分析。使用系统聚类分析主要是因为这种方法对变量进行聚类时，变量可以是连续变量或者分类变量。我们使用的4分量表，将评分标准的重要性分为非常重要、比较重要、不太重要、不重要。统计分析时，非常重要计1分，比较重要计2分，不太重要计3分，不重要计4分。得分越高，说明评分员越不重视这个评分标准；得分越低，说明评分员越重视这个评分标准。

7.4.4 研究步骤

评分员在刚刚完成所有评分工作时，要求填写问卷。问卷要求评分员评估口语测试中各个评分标准的重要性程度。问卷设计为一份4分量表，重要性程度分别为：非常重要、比较重要、不太重要和不重要四种。评分员不要根据某个应试人的情况，而要根据自己评分的整体情况来填写问卷。

经过对汉语口语测试评分标准的认真分析，我们共选择了13条评分标准，分别为：

1. 语音语调准确程度

2. 语法正确程度

3. 句式丰富程度

4. 词汇准确程度

5. 词汇丰富程度

6. 结构完整程度

7. 话语连贯程度

8. 内容扣题程度

9. 内容丰富程度

10. 表达流利程度

11. 表达得体程度

12. 话语长度

13. 交际策略

除了要求评分员评价这13条评分标准的重要性之外，我们还请评分员补充他们认为比较重要的评分标准。评分员们反馈回来的评分标准还有：表达条理性、表达自然性、交际有效性、虚词使用率、文化因素、个人语音魅力、应试人声音大小等。这些补充的标准可以为我们以后改进此量表积累资料。

我们还登记了评分员编号。根据评分员编号我们可以得知评分员的评分经历、教育背景以及参加过的培训等信息。问卷详细信息详见附录六。

7.4.5　统计结果分析

此项研究是HSK（高等）口语考试的一次正式评分，数据真实有效，使用的分析软件为spss 11.0。共有82份有效问卷，其中有7位评分员没有全部作答所有问题，导致有7个缺失数据，所以共有75位评分员参加了聚类分析。

聚类分析的结果有凝聚状态表和聚类谱系图，详见附录七和附录八。

附录七是凝聚状态表，表中各列的含义如下：第一列表示聚类分析的第几步；第二列、第三列表示本步聚类中哪两个样本或小类聚成一类；第四列是相应的样本距离或小类距离；第五列、第六列表明本步聚类中，参与聚类的是样本还是小类。0表示样本，数字n（非0）表示由第n步聚类产生的小类参与本步聚类；第七列表示本步聚类的结果将在下面聚类的第几步中用到。

根据聚类结果显示，第一行的数据显示：第56位评分员和第75位评分员先聚合成一类，第四列表示这两位评分员之间的距离为1。第七列表示此次的聚类结果在第13步继续使用。第13步中，这两位评分员又和第41位、第56位评分员聚成一类，这两位评分员之间的距离为2.5，聚类结果在第19步会继续用到。以此类推，所有的评分员最后都被聚成一类。

附录八是聚类谱系图，这种图把附录2中的嵌套关系、等级关系以一种直观的方式显示出来。我们可以比较直观地观察各个评分员之间的聚合关系以及亲疏距离。聚类谱系图最上面一行标尺表示评分员之间的异质程度。距离越远表示差异越大，距离越近评分员内化评分标准越接近。从纵向上看此图，可以看出不同评分员之间的聚类过程，即每个类别中母类和亚类的关系。

根据附录七和八的显示，我们可以看出评分员聚合的结果整体而言还是不错的，大部分评分员都能聚合成一类。评分员之间的差异大体在合理范围之内，异质程度大都在20以内。只有编号为10、11、19的3位评分员和其他评分员无法聚合，异质程度在20以上。据此结果，我们有理由怀疑这3位评分员的内化评分标准异常，评分质量可能偏低。

除此3位评分员以外，其他评分员聚合成了不同的类别。根据不同的异质程度标准，我们可以把他们分成不同的类别。我们看到没有内化标准完全一致的两位评分员，评分员的内化评分标准并不相同，这验证了我们的研究假设（1）：根据内化评分标准的不同，评分员可分为不同的评分员类型（rater types）。

根据不同的异质程度，我们可以把评分员分成不同类型。如果选择5，我们得到的评分员类型会达到十余种，且有接近一半的评分员不能顺利归类。如果选择20，则除三位异常评分员而外，其他72人全部属于同一种类。评分员类别太多，不利于抽象出各类评分员的共同点，达不到分类的目的。如果需要细致分析评分员的特点，我们相信任何一个评分员都有自己的独特之处。评分员类别太少的话，所有评分员归为一类，则我们无法认识不同评分员的特点。使用聚类分析我们可以根据研究目的来选择异质程度标准。在此项研究中，我们选择异质程度首先15作为分类标准看看评分员类型的情况。

根据谱系图显示，异质程度在15以下的评分员聚合而成的类别共有3大类，如下表所示：

表7.1 评分员类型结果（异质程度15）

编号	人数	评分员编号
1	46	3、4、5、7、8、14、15、16、17、18、20、21、23、24、26、27、29、30、31、32、33、35、36、37、41、43、44、47、48、52、54、55、56、62、66、67、68、69、70、74、75、77、78、79、80、81
2	23	1、9、22、25、34、38、39、42、46、49、51、53、57、58、60、61、63、64、71、72、73、76、82
3	3	2、6、59
合计	72	

评分员编号为14的评分员比较特殊，在聚类谱系图上显示和类型1与类型2的距离完全一样，所以归入第一类和第二类都可以，我们把他归入了第一类。根据上表，72位评分员聚合成了3大类，各有46人、23人和3人。另外编号19、11、10的评分员和其他评分员差异超过了15，无法归类。

接下来我们选择异质程度10作为分类标准看看评分员类型的情况，详见表7.2。以10为聚类标准时，共有69位评分员聚类成功，聚成了7类。还有编号为2、10、11、14、19、38的6位评分员和其他评分员的异质程度都大于10，无法归类，还有两类各有2位评分员，所以这些评分员的内化评分标准和其他评分员的差异太大。我们有理由推断这些评分员的评分行为和其他评分员的评分行为差异较大，可能影响口试评分的评分员间信度。

表7.2 评分员类型结果（异质程度10）

类型编号	人数	评分员编号
1	19	4、15、17、18、20、29、31、32、33、36、41、43、56、66、68、74、75、77、81
2	19	3、5、7、16、21、23、24、27、30、35、37、44、47、52、54、62、67、69、70
3	7	8、26、48、55、78、79、80
4	2	51、82
5	15	1、9、22、25、34、46、49、53、57、58、61、71、72、73、76、
6	5	63、64、39、42、60
7	2	6、59
合计	69	

如果假设（2）成立，评分员内化评分标准会影响评分员的评分质量，那么内化评分标准不同的评分员严厉度和一致性也应显示异常，为此，我们统计了评分员编号为2、6、51、59、82共5位评分员的严厉度和一致性值，如下表所示：

表7.3 内化评分标准异常评分员的评分质量

评分员编号	严厉度值	一致性值	
		infit值	outfit值
2	0.46	0.52	0.51
6	0.12	3.11	2.57
51	-0.05	0.71	0.68
59	-0.22	0.55	0.49
82	-0.05	1.86	1.62

根据5位评分员的评分质量情况，其中有3位评分员的评分质量有问题。

本研究中评分员严厉度的分布范围是（-0.54，0.59），最低-0.54，最高0.59。评分员2的严厉度值为0.46，是全部70位评分员中严厉度值第4高的评分员。评分员严厉度的异常说明他的评分偏离应试人能力值较多，评分质量不高。而其他4位评分员的严厉度结果比较正常。

评分员一致性指标infit值的可接受区间为（-0.18—2.14），超出此区间的评分员，评分严厉度变化较大。以上5位评分员中，评分员6的严厉度超出了此区间，达到了3.11。这是全部70位评分员中，infit值最高的一位。我们之前分析过他的评分情况，他的评分有时严格、有时宽松，属于严厉度很不稳定的一位评分员。评分员82的infit值为1.86，是全部70位评分员中第6高的值。综合他的严厉度值看，这个评分员的严厉度整体不错，但不够稳定。

5位评分员中，评分员51和59的严厉度值和一致性值都比较正常，说明他们的评分质量还是不错的。

7.4.6 结论

根据以上分析，评分员内在评分标准和评分员评分质量相关，评分员内在评分标准可能是影响评分员评分质量。

有的评分员严厉度值偏离度很高，例如严厉度值最高的评分员25，严厉度值最低的评分员70，他们的内在评分标准很正常，这说明评分员内在评分标准并不是影响评分员评分质量的唯一原因。其他因素，例如评分量表、口语测试任务等也可能是影响评分质量的原因。关于哪些因素会影响评分员的评分质量，还需要深入具体的研究。

7.5 本章小结

本章在第4章到第6章基础上，进一步探究了评分员"绩效"差异产生的原因。我们评价评分员的根本目的是为了引导评分员提高自身的评分质量。在实际测试中，评分标准虽然是统一的，不同评分员对评分标准的理解把握却不同，我们称之为评分员的内化评分标准。本章研究假设评分员内化评分标准不同，而评分员的内化评分标准会影响他们的评分质量。

有关口语测试评分标准的研究很多，专门研究内化评分标准的却不多，这主要是因为缺乏有效的研究方法。研究内化评分标准的传统方式是"内省法"，即让评分员在评分活动结束后或进行中口述自己的评分过程。这种研究方式可以揭示人的内在心理过程，在心理学中应用颇多，其缺陷在于难以应用于大规模的研究中，而且无法严格定义变量，使得研究的可推广性不强。这种方法很难用于我们对评分员的评价中，因此我们使用了发放调查问卷的方式来调查汉语口语测试中评分员的内在评分标准情况，并使用多元变量统计方法——聚类分析（cluster analysis）来探究评分员的内在评分标准类型。

聚类分析的结果显示，大部分评分员对于汉语口语测试的评分标准理解一致，只有少数评分员的内化评分标准异常，难以归类。而内化评分标准异常的这部分评分员，其评分质量未必有问题。这个结果说明评分员内化评分标准是影响评分员评分质量的一个因素，但并不是唯一因素，还有其他因素会影响评分员的评分质量。

对评分员内化评分标准的研究还可用于甄别异常评分员。此次研究显示，评分员的内化评分标准可以反映评分员严厉度、一致性的异常情况。在评价评分员时，我们可以通过让评分员填写问卷来了解他们的内化评分标准，并以此作为评价评分员"绩效"的一个辅助判断标准。对评分员内化评分标准的研究还可用于对评分员的反馈。对评分员进行评价的根本目的是通过测评引导评分员提高自身素质、从而保障口语测试的信度和效度。评分员评价体系要能体现"导向性"，评分员内化评分标准的分析结果，可反馈给评分员，使之了解自己的内化评分标准和其他评分员的异同，从而帮助他更好地学习、理解评分标准，提供自己的测评能力。

第8章 结论

对评分员的评价是汉语口语测试中的重要环节。在交际语言能力观的影响下，口语测试蓬勃发展，测试的组织形式和评分方式等都发生了巨大的变化。口语测试的评分员角色也发生了变化，在网络化时代背景下，口语测试引进机器测试等新的测试方法和手段，提高了测试效率，汉语口语测试的规模不断扩大。这些变化迫切要求建立与之相适应的评分员评价体系，急需解决理论与实践之间的矛盾，以保证和促进汉语口语测试的健康发展。本文提出构建评分员评价体系的理论依据，揭示了汉语口语测试中评分员评价本质特征是为了提高评分员的评分质量，从而提高汉语口语测试的效度。本文以人力资源理论为指导构建了评价评分员的理论体系，确立评分员评价指标体系的指标内容。重点以语言测试理论为基础，运用理论与实证相结合的方法，并以严厉度和一致性作为两个重要指标构建了评分员"绩效"的评价体系。

8.1 评分员评价体系的确立

本研究从选题视角引出口语测试、语言能力、评分员、评分员评价等基本概念，并在语言测试、人力资源管理理论指导下，对这些的概念、概念的及其相互之间的关系进行论述，揭示评分员评价的本质是为了准确测量应试人的语言能力水平，从而提高汉语口语测试的效度。本文从共时角度对汉语口语测试中评分员评价的现状进行了述评，对国内外专家学者的研究现状进行分析归纳，借鉴已有的研究成果，对评分员评价活动进行分析，综合多种学科的理论，以一种全新的评价视角，来揭示评分员评价的体系构建，提出包含"素质"、"能力"和"绩效"三个部分的评分员评价体系，以此为全文研究奠定理论基础，评价体系的指标详见表8.1。作为一种外在价值，"绩效"可以反映评分员的内在"素质"和"能力"，所以评价体系三个部分中"绩效"评价是最主要的，评价评分员绩效的指标主要是评分质量。

　　根据研究需要，本文对参加2010年10月HSK（高等）口试的评分员（共90名）进行了实证研究。首先请所有评分员填写一份关于"评分标准"的问卷，再在实际评分过程中加入12名共同应试人，所有评分员都为这12名应试人评分。这12名应试人的选取遵循了抽样的原则，包含高、中、低各个级别语言能力水平的应试人。我们使用多面Rasch模型对评分员评分结果进行分析，结果显示汉语口语测试评分员的评分质量存在显著差异，即有的评分员评分误差较大，严厉度异常或一致性稍差。我们得出结论：以严厉度和一致性作为评分员评分质量指标是可行的，这两个指标可以反映评分员评分质量的差异。在此过程中，我们还检验了汉语水平考试和普通话水平测试和多面Rasch模型的拟合程度，对模型计算出的严厉度和一致性值进行了效度检验，结果显示这两种口语测试和模型的拟合良好，计算出的严厉度和一致性可有效反映评分员评分质量的差异。

表8.1　汉语口语测试评分员评价指标

一级指标	二级指标	三级指标
素质A1	思想素养B1	政治立场态度C1
		敬业奉献精神C2
		团队合作精神C3

一级指标	二级指标	三级指标
素质A1	工作态度B2	廉洁自律情况C4
		测试出勤情况C5
		科研活动情况C6
	心理素质B3	心理承受能力C7
		情绪的稳定性C8
能力A2	普通话知识B4	语音知识C8
		词汇知识C9
		语法知识C10
	现代汉语语言学理论B5	语音学理论C11
		词汇学理论C12
		语法学理论C13
		方言理论C14
	普通话水平B6	语音规范程度C15
		词汇规范程度C16
		语法规范程度C17
绩效A3	评分质量B7	严厉度C18
		一致性C19

为了探究评分员评分质量不同的深层原因，我们对评分员填写的关于评分标准的问卷进行分析。分析主要使用的方法是聚类分析方法，结果显示：汉语口语测试的评分员可以分成不同的类别，他们之间的内化评分标准是不同的。有些异常评分员无法归入这些类别，部分无法归类的异常评分员在评分质量评价上也显示异常。这个结果说明：评分员内化评分标准是导致评分员评分质量不高的可能原因之一，但不是唯一原因。其他因素也可能会影响评分员的评分质量。

8.2 评分员评价体系的应用

本文构建的汉语口语测试评分员评价体系，和现有的评价方式相比，这种评价方式的优点在于：

（1）对评分员的评价标准是一致的。使用这种方式评价评分员，参与评价的评分员越多，评价结果越可靠，严厉度和一致性值由所有参加评价的评分员群体决定，评价标准对任何一位评分员都是一致的。

（2）可以避免由评分员评价而带来的评分误差。在以前的评价模式中，以专家评判做标准，评分员为了得到较好的评价结果，常常会产生评分趋中效应，即只打中间分，不打高分或低分。使用多面Rasch模型计算得出的评分员评价指标严厉度和一致性，没有外部评价效标，可以避免评分员的趋中效应。

（3）可提供给评分员诊断性评价反馈。评分员可以得到有关严厉度、一致性和评分员的内化评分标准的反馈，有助于他改进评分过程、提高评分质量。

（4）节省了人力物力。这种方式不需要聘请专家，也不需要集中评分员进行评价，操作简便。

（5）可以反映评分员的实际评分情况。在机测模式下，可把评价评分员所用的共同应试人语言样本放入正式参加测试的应试人中，在不知不觉间完成对测试员的评价。

本项研究的重点是评分员"绩效"评价体系。一个合格的评分员必然是评分质量合格的评分员。使用该汉语口语测试评分员评价体系，对评分员"绩效"的评价都是最重要的，即对评分质量的评价是最重要的。在"绩效"评价中，我们使用现代测量理论（主要是项目反应理论），这么做的目的是为了解决大规模测试中评分员评价问题，使得对评分员的"绩效"评价能以一种较为简便的方式完成。对汉语口语测试评分员的评价可通过以下几个步骤完成：

首先，设计开发"评分员在线评价系统"。这个系统主要有以下几个作用：播放应试人的考试录音、收集参加评价的评分员评分结果、计算严厉度和一致性值、在线填写调查问卷。

挑选应试人录音要达到一定的数量，最少也应该覆盖所有的评分等级，应试人的水平分布应符合正态分布，和实际应试人群体相同。这样做是为了保证评分员的评分能够代表他的实际评分表现。系统播放应试人考试录音时要注意以下几点：播放顺序是随机的，且录音中不应应试人的身份信息。这么做的目的是保证不同的评分员听到的录音是同样的，还可以避免评分员之间互相讨论，甚至抄袭评分结果。

第二，评分员上网凭借自己的唯一编号进入评价系统，完成以下任务：收听若干应试人录音、输入对这些应试人的评分结果、并在线填写调查问卷。

第三，系统根据严厉度值、一致性值和问卷分析结果，反馈给评分员一份评价结果，同时把评分员评价结果传至测试机构。只有评分员数量达到一定程度时，使用模型计算出的严厉度和一致性值才会趋于稳定，所以在系统开通之初还无法实现即时反馈。等评分员的评分结果样本达到一定数量时，评分员的严厉度和一致性值趋于稳定，且样本足够丰富，系统就可以实现即时反馈。

培养汉语口语测试的评分员是长期的，评分员完成口语测试评分任务也是长期的。对汉语口语测试评分员的评价应贯穿于一个评分员从事评分活动的始终。对汉语口语测试评分员的评价是一个系统，不是在一时一地完成的，也不是一次完成、终身有效的。例如，对评分员"能力"的考查应从申请口语测试评分员资格开始，即把好汉语口语测试评分员的"入门关"。使用评分员评价体系应明确评价的目的。评价目的不同，评价的指标不同。如果申请口语测试评分员资格的人很多，可先使用"考试"方式考核评分员的"能力"水平，优先选拔"能力"水平高的申请人参加评分员培训。如果多名汉语口语测试评分员的"绩效"评价结果都相同，而我们要从根据评分员评价的结果进行"评优表彰"，我们可以使用评分员"素质"评价结果作为补充。从"绩效"评价结果相同的评分员中选出工作态度更积极、个人修养更高的评分员。

8.3　创新之处

8.3.1　理论创新

本文系统致力于全面系统地构建一个汉语口语测试评分员评价体系。阐述了评分员评价的理论问题，包括评分员评价的目的、作用、原则等，指出了评分员评价的根本目的在于提高评分员的评分质量，以保证口语测试的信度、效度，在评价评分员时要贯彻科学性、操作性、导向性、激励性和人本性等原则。对评分员的评价是对人的评价，要起到引导评分员提高评分质量的作用，同时也不能太复杂，要具有一定的可操作性。

本研究结合了人力资源管理理论和语言测试理论来研究评分员评价问题。以往研究的理论基础比较薄弱，往往是评分员个人的经验之谈。本研究以人力资源管理理论作为构建评价体系的理论基础，以语言测试理论量化评分员的评分质量指标，兼顾两种理论的优势。对评价体系的效度检验说明建立在这两种理论基础之上的评价体系是有效的。

本文提出以"绩效"评价为主的评价体系。当前测试实际中，对评分员的评价标准杂而全，涉及的方面很多。这种评价体系看似全面，却很难贯彻执行，缺乏操作性。本文提出以"绩效"评价为主，辅之以"素质"和"能力"评价的体系，抓住了评分员评价的主要矛盾和本质特征，是能够全面反映评分员各个方面的评价体系。

本文在研究评分员一致性问题时，全面回顾了语言测试中信度概念的发展脉络，在此基础上厘清了信度和一致性概念的异同。

8.3.2　方法创新

将多面Rasch模型用于评分员评价领域。多面Rasch模型是一种较新的IRT模型，可以用于主观评分的多个领域。以往还没有使用此模型专门进行评分员评价的研究。有些关于模型的研究提到过可应用于评分员评价，但都没有展开论述，且样本量也比较小，只有不到10位评分员。本次研究专门以评价评分员为研究目的，使用的评分员样本量比较大，所得结果更加可靠。

本文提出了对多面Rasch模型计算出的严厉度、一致性值进行有效性检验的方法，对多面Rasch模型在汉语口语测试中的效度进行了检验。在检验严厉度时，借鉴其他反映变量离散趋势的统计指数设计了"评分差异指数"，对一致性的效度检验则使用了"严厉度差值"作为评价指标，这两种检验指标对于其他效度检验有借鉴价值。

将聚类分析法应用于对评分员内化评分标准的研究中。聚类分析是一种多元统计分析方法，以往在对评分员内化评分标准的研究中，大都使用对评分员进行访谈的"内省法"，这种方法难以应用于大规模的评价中。本文使用聚类分析法，不仅适用于大规模评价，还可有效地控制无关变量，是一种更科学简便的方法。

除以上两方面外，本文使用多面Rasch模型的样本量较大，在类似研究中的评分员样本量一般不超过10个，大样本保证了本研究的可靠性和可推广性。口语测试中对评分员的研究一直是热点，本文以评分员的评价这个角度研究评分员，拓宽了评分员研究的领域。

8.4 研究展望

综上所述，本文既有关于汉语口语测试评分员评价的基础理论研究，又进行了相关的调查和实证研究，提出了构建评价体系的理论框架，建立了评价指标体系，旨在解决对评分员进行评价的理论框架问题，解决实际评价中的操作性问题。

对评分员的评价是一个庞大的研究体系，本文仅仅是研究的开始，此领域还有很多可探索的空间，例如除内化评分标准之外，还有哪些影响评分员评分质量的因素？这些因素影响评分员的内在机制如何？我们如何通过评价为评分员提供更全面反馈信息？对评分员反馈对于评分员有何作用？上述领域将作为本研究的后续研究方向，以不断完善汉语口语测试评分员的评价体系。

参考文献

［1］Bachman, L. F., 1990, *Fundamental Considerations in Language Testing*, Oxford University Press.

［2］Bachman, L.F. 1998. *Interfaces between Second Language Acquisition and Language Testing Research*. Cambridge: Cambridge University Press.

［3］Bachman, L.F. & Palmer, A. S., 1982. The construct validation of some components of communicative proficiency. *TESOL Quarterly* 16, 4.

［4］Bonk, W. J. & G. J. Ockey., 2003. A many-facet Rasch analysis of the second language group oral discussion task. *Language Testing* 20（1）.

［5］Charney D., 1984. The validity of using holistic scoring to evaluate writing: a critical overview. *Research in the Teaching of English*.18.

［6］Cumming, A., 1990. Expertise in evaluating second language composition, *Language Testing*,7.

［7］Cumming, A. Kantor R.& Powers D., **2002.** Decision making while assessing ESL/ EFL writing: A descriptive framework. *Modern Language Journal.* 86.

［8］Douglas D., 1994. Quantity and quality in speaking test performance. *Language Testing,* 11.

［9］Eckes T., 2008. Rater types in writing performance assessments: A classification approach to rater variability, *Language Testing*, 25（2）.

［10］Kondo-Brown K., **2002.** A FACETS analysis of rater bias in measuring Japanese second language writing performance. *LanguageTesting,* 19（1）.

［11］Linacre J. M., 1994. *Many-Facet Rasch Measurement*. MESA Press.

［12］Longford T., 1995. *Models for Uncertainty in Educational Testing*. New York: Springer-Verlag New York, Inc.

［13］Lumley T. & McNamara T. F., 1995. Rater characteristics and refer bias: Implications for training. *Language Testing,* 12.

［14］Lumley. T., 2002. Assessment criteria in a large-scale writing test: what do they really mean to the raters? *Language Testing* 19.

［15］Lunz M. E., Wright B.D.&Linacre M., 1990. Measuring the impact of judge severity on examination scores. *Applied Measuerment in Educaction* 3.

［16］Lynch B. K.&McNamara T.F., 1998. Using G-theory and Many-facet Rasch measurement in the development of performnace assessments. *Language Testing,* 15（2）.

［17］Rogers T. B. 1995. *The Psychological Testing Enterprise: An Introduction.* Belmont: Brooks/Cole Publishing Company.

［18］Sakyi A. A., 2000. Validation of holistic scoring for ESL writing assessment: how raters evaluate compositions. In J.J.Kunnan, editor, *Fairness and validation in language assessment.*Cambridge: Cambridge University Press.

［19］Weigle S. C., 1998. Using FACETS to model rater training effects. *Language Testing 15*（2）.

［20］Wigglesworth G., 1993. Exploring bias analysis as a tool for improving rater consistency in assessing oral interaction. *Language Testing*, 10（3）.

［21］北京语言大学汉语水平考试中心：《汉语水平考试HSK（高等）真题及分析》。世界图书出版公司，2011年版。

［22］［美］B.R.赫根汉：《心理学史导论（上册）》，华东师范大学出版社，2004年版。

［23］蔡玉枝：《论普通话水平测试评分标准的把握》，《河南大学学报（社会科学版）》，2001年第4期。

［24］陈国鹏：《心理测验与常用量表》，上海科学普及出版社，2005年版。

［25］陈纪梁：《试论交际语言测试的理论模式及主要特征》，《四川外语学院学报》，2001年第4期。

［26］陈菊咏：《评分员间信度LONGFORD方法计算和实验研究》，北京语言大学硕士学位论文，2003年。

［27］陈茜：《国家级普通话水平评分员队伍的培训与发展——第37—43期国家级普通话水平评分员资格考核培训班学员情况分析与思考》，《语言文字应用》，2007年第4期。

［28］陈亚琴：《性别在英语口语测试中的影响》，湖南大学硕士学位论文，2006年。

［29］程相伟：《普通话测试员评分误差原因及对策初探》，《洛阳师范学院学报》，2002年第4期。

［30］赤峰学院普通话水平培训测试工作站：《测试员考核及奖惩细则》http://www.cfxy.cn/ 2010年12月。

［31］［瑞］德·索绪尔：《普通话语言学教程》，商务印书馆，1980年版。

［32］广西壮族自治区语委办公室：《广西壮族自治区普通话水平测试员管理办法（试行）》，2010年12月。http://www2.gxtc.edu.cn/yywzw/csgl/200705/24793.html.

［33］桂诗春、宁春岩：《语言学方法论》，外语教学与研究出版社，1997年版。

［34］郭秀艳：《实验心理学》，人民教育出版社，2004版。

［35］河北省语委：《河北省实施〈普通话水平测试管理规定〉办法》，2010年12月。www.yywz.hee.cn/atm/7/20090715155439383.doc.

［36］何剑丽：《论普通话水平测试员的专业培养与指导》，《河西学院学报》，2006年第3期。

［37］姜懿伟：《高等院校高级管理人员绩效考评研究》，华中科技大学硕士学位论文，2006年。

［38］姜雨：《多侧面Rasch模式在英语写作测试中的应用——基于大连理工大学的

实证研究》，大连理工大学硕士毕业论文，2007年。

[39] 李传益：《HSK（高等）作文考试分数调整——评分员残项调整模型的应用》，北京语言大学硕士学位论文，2007年。

[40] 李传益：《语言能力观对语言测试的影响》，《咸宁学院学报》，2009年第5期。

[41] 李传益：《主观考试信度的计算方法》，《考试周刊》，2009年第24期。

[42] 李明：《口语、书面语在普通话语言学中的几个问题》，《苏州大学学报》，1985年第2期。

[43] 李筱菊：《语言测试科学与艺术》，湖南教育出版社，1997年版。

[44] 李馨：《用Longford方法对HSK作文分数进行调整——Longford四种分数调整方法的比较研究》，北京语言大学硕士学位论文。

[45] 李中权、孙晓敏、张厚粲、张立松：《多面Rasch模型在主观题评分培训中的应用》，《中国考试》，2008年第1期。

[46] 刘春：《试论普通话水平测试评分差异及标准把握》，《徐州教育学院学报》2004年第1期。

[47] 刘建达：《话语填充测试方法的多层面Rasch模型分析》，《现代外语》，2005年第2期。

[48] 刘建达：《做事测试信度和效度的Rasch模型分析》，《外语艺术教育研究》，2007年12月第4期。

[49] 刘照雄：《〈普通话水平测试大纲〉的编制和修订》，《语言文字应用》，1997年第3期。

[50] 庐恩玲：《基于多面Rasch模型的HSK（高等）口语考试评分框架研究》，北京语言大学硕士学位论文，2010年。

[51] 罗丹：《HSK（高等）作文评分差异考察》，《世界汉语教学》，2006年汉语水平考试研究专号。

[52] 罗丹：《多面Rasch模型在HSK（中级）口语评分检验中的应用》，北京语言大学硕士学位论文，2008年。

［80］王磊：《普通话水平测试定量和定性结合评分浅探》，《东北师大学报（哲学社会科学版）》，2002年第4期。

［81］王晖：《略论普通话水平测试的评分系统》，《语言文字应用》，2004年第3期。

［82］王晖：《普通话水平测试评分细则论析》，《语言文字应用》，2007年第4期。

［83］王佶旻：《国外语言测验领域对语言能力的研究概况》，谢小庆、鲁新民主编，《考试研究文集（第1辑）》，经济科学出版社，2002年版。

［84］王佶旻：《汉语作为第二语言的初学者口语能力结构初探》，《心理学探新》，2008年第1期。

［85］王佶旻：《外语口语测验的历史发展综述》，《中国考试》，2010年第3期。

［86］王佳：《大学校长综合评价体系研究》，南京航空航天大学硕士学位论文，2009年。

［87］王晶、蒋尼华：《普通话水平测试评分中"宽"与"严"的问题》，《湖南工程学院学报（社会科学版）》，2004年第3期。

［88］王明东：《精确与模糊——也谈普通话的口语测试》，《语文建设》，1996年第5期。

［89］王若江：《对汉语口语课的反思》，《汉语学习》，1999年第2期。

［90］王渝光、姚一斌、杨瑞鲲、蔡彦鹏、袁耘毅、李竹屏、陈典红：《计算机辅助普通话水平测试评分系统研究》，国家语言文字工作委员会普通话培训测试中心编，《第三届全国普通话水平测试学术研讨会论文集》，语文出版社，2007年版。

［91］王跃武、朱正才、杨惠中：《作文网上评分信度的多面Rasch测量分析》，《外语界》，2006年第1期。

［92］文秋芳、赵学熙：《英语专业四级口试的可行性研究—总体设计与实施》，《外语界》，1995年第1期。

［93］谢小庆：《对考核评价指标体系的质疑》，《人力资源》，2009年第17期。

［94］熊婕：《浅析普通话水平测试员语音评定不准确的原因及对策》，《湖北教育

学院学报》，2006年第10期。

[95] 许佳慧：《潜在类别信号检测模型在HSK高等作文评分中的应用》，北京语言大学硕士学位论文，2010年。

[96] 徐晓峰、刘勇：《评分者内部一致性的研究和应用》，《心理科学》，2007年第5期。

[97] 徐璇：《浅谈普通话评分员队伍建设和管理》，《泰州职业技术学院学报》，2008年4月。

[98] 姚喜双：《推普工作的重要抓手——谈依法推进的普通话水平测试》，2010年第3期。

[99] 袁帅：《多面Rasch模型在HSK（高等）口语考试中的应用》，北京语言大学硕士学位论文，2010年。

[100] 于谦：《略谈国家级普通话水平测试员资格考核》，《首都师范大学学报（社会科学版）》，2009年增刊。

[101] 张厚粲、徐建平编著：《现代心理与教育统计学》，北京师范大学出版社，2003年版。

[102] 张洁：《用多层面Rasch模型分析做事测试的分数差异——对大学英语四、六级口语考试（CET-SET）的一次探索》，浙江大学硕士学位论文，2006年。

[103] 张洁：《PETS三级口语考试评分质量控制研究——基于多侧面Rasch模型（MFRM）的方法》，《考试研究》，2008年第4期。

[104] 杨志明、张雷：《测评的概化理论及其应用》，教育科学出版社2003年版。

[105] 张凯：《语言能力问题在语言测验中的变迁》，《汉语学报》，2000年上卷第1期。

[106] 张凯：《语言测试理论与实践》，北京语言文化大学出版社，2002年版。

[107] 张凯：《测量是理论的组成部分——再谈构想效度》，《云南师范大学学报（对外汉语教学与研究版）》，2004年9月第2卷第5期。

［108］张文彤：《SPSS11统计分析教程（高级篇）》，北京希望电子出版社，2002年版。

［109］章熊：《评分误差的调查及分析——大规模考试作文评分研究系列之一》，《中学语文教学》，1994年第6期。

［110］赵金铭：《对外汉语教学概论》，商务印书馆，2010年版。

［111］郑玮：《分层评分员模型在HSK（高等）口语考试中的运用》，北京语言大学硕士学位论文。

［112］周曼芝：《写作评分中评分员因素的多侧面Rasch模型分析》，湖南大学硕士学位论文，2007年。

［113］朱正才、杨惠中、杨浩然：《Rasch模型在CET考试分数等值中的应用》，《现代外语》，2003年第1期。

附　录

附录一　普通话水平测试工作评估指导标准[①]

一级指标	二级指标	检测内容
工作定位 10分	工作地位 6分	1. 全面贯彻执行《普通话水平测试管理规定》　2分
		2. 测试行政管理列入语委办主要职责　2分
		3. 测试工作与语言文字工作其他方面协调发展　2分
	实施规划 4分	4. 制定培训测试工作规划，并报主管部门备案　1分
		5. 有相应的地方性实施措施　1分
		6. 统计工作真实准确并规范填写工作报表　1分
		7. 按时向上级主管部门报告年度计划、总结、报表　1分
省级机构 25分	测试机构 8分	8. 经省级编制部门批准设置，规范运作　2分
		9. 有专职工作人员　2分
		10. 有必要的工作设施　1分
		11. 实行计算机信息化管理　3分
	工作网络 8分	12. 市地、区县、高校、行业网络布局合理，便于属地管理　2分
		13. 各级测试机构在同级语委办领导下，运作协调　4分
		14. 各级测试机构职责明确，运转正常　2分
	财务管理 9分	15. 各项收费项目和标准经财政价格部门核准，并严格执行　3分
		16. 经费独立核算，遵守国家财务制度并接受国家审计　3分
		17. 无财政违纪事件　3分

① 宋欣桥编：《普通话水平测试员实用手册（增订本）》，商务印书馆2004年版，第41—42页。

续表

一级指标	二级指标	检测内容
测试队伍 25分	队伍组成 7分	18. 测试员、视导员人数和分布满足工作需要　2分
		19. 测试员素质符合规定条件，95%以上胜任工作　3分
		20. 视导员素质符合规定条件，并充分发挥作用　2分
	队伍管理 10分	21. 测试员评聘分开，有任期；未聘测试员不得承担测试任务　2分
		22. 定期考查测试员，建立测试员业务档案和视导员工作记录　4分
		23. 对测试员、视导员奖罚分明，并能调动积极性　2分
		24. 测试员、视导员无违纪事件和非组织测试事件　2分
	队伍建设 8分	25. 有测试员队伍建设计划并实施　2分
		26. 严格规范测试员资格考试，定期对全体测试员进行培训　3分
		27. 有计划组织测试科研，定期开展研讨活动，有科研成果　3分
测试过程 及管理 25分	测试规程 10分	28. 测试由省级测试机构统一组织进行　1分
		29. 严格执行国家统一的测试规程　4分
		30. 有进行过程监控的有效措施　2分
		31. 有完整、规范的测试录音档案和文字档案　3分
	教材试卷 7分	32. 培训内容遵循测试等级标准和测试大纲　2分
		33. 选用符合等级标准、测试大纲并结合本地实际需要的教材　2分
		34. 使用国家制定题库提供的试卷，试卷运转规范　3分
	证书管理 8分	35. 发证前严格执行成绩复审和备案制度　2分
		36. 证书发放严格执行有关规定　2分
		37. 使用全国统一证书，杜绝假证书　4分
工作效果 15分	测试结果 11分	38. 全省年度测试任务总完成率90%以上　2分
		39. 二级、三级成绩抽查年度总合格率95%以上　4分
		40. 一级乙等省级复审年度总通过率90%以上　3分
		41. 一级甲等国家复审年度总通过率90%以上　2分
	社会效果 4分	42. 经调查，90%以上应试人员对培训测试过程和结果满意　2分
		43. 经调查，测试的作用和效果得到绝大多数被测单位认可　2分

附录二　FACETS描述性总表

——FACETS软件计算结果之一

```
|Measr|+EXAMINEE|+RATERS  |+criteria| HSK |
|-----+---------+---------+---------+-----|
|  4 +         +         +         +(11) |
|    | 1       |         |         |     |
|    |         |         |         |     |
|    |         |         |         |     |
|    |         |         |         |     |
|    |         |         |         | --- |
|  3 +         +         +         +     |
|    |         |         |         |     |
|    |         |         |         |     |
|    | 6       |         |         |     |
|    |         |         |         |  10 |
|  2 + 7       +         +         +     |
|    |         |         |         | --- |
|    |         |         |         |  9  |
|    | 8   9   |         |         | --- |
|  1 +         +         +         + 8   |
|    |         |         |         | --- |
|    | 3       |         |         |  7  |
|    | 2       | **.     |         | --- |
|    |         | .       |         |  6  |
|    | 4       | ******* |         | --- |
|    |         | *****   |         |     |
*   0 *         * *****. * 1      *     * |
|    | 11      | **.     |         |  5  |
|    |         | *****   |         | --- |
|    |         | ***     |         |     |
|    |         | **.     |         |  4  |
```

附录三 应试人面分析结果总表

——FACETS软件计算结果之二

```
+---------------------------------------------------------------------------------------------+
| Total   Total   Obsvd  Fair-M|           Model | Infit        Outfit       |Estim.| Correlation |                      |
| Score   Count   Average Avrage|Measure  S.E. | MnSq ZStd   MnSq ZStd|Discrm| PtMea PtExp | Nu EXAMINEE          |
|---------------------------------------------------------------------------------------------|
|  750     70     10.7  10.72|   3.87    .25 | 1.82  2.9   1.57  2.1|  .85 |  .36   .14 | 1 1                  |
|  707     70     10.1  10.12|   2.40    .14 |  .20 -4.9    .20 -5.1| 1.68 | -.09   .24 | 6 6                  |
|  681     70      9.7   9.78|   1.99    .11 | 1.29  1.2   1.29  1.2|  .86 |  .35   .30 | 7 7                  |
|  609     70      8.7   8.76|   1.34    .08 | 1.07   .4   1.08   .5|  .79 |  .38   .40 | 8 8                  |
|  606     70      8.7   8.72|   1.31    .08 | 1.11   .6   1.07   .4|  .71 |  .55   .40 | 9 9                  |
|  476     70      6.8   6.80|    .57    .07 |  .43 -4.5    .43 -4.5| 1.65 |  .45   .43 | 3 3                  |
|  446     70      6.4   6.36|    .41    .07 | 2.01  4.8   2.01  4.8| -.28 |  .28   .43 | 2 2                  |
|  393     70      5.6   5.60|    .13    .07 | 1.04   .2   1.05   .3|  .90 |  .65   .43 | 4 4                  |
|  348     70      5.0   4.96|   -.11    .07 |  .66 -2.3    .65 -2.3| 1.22 |  .39   .42 | 11 11               |
|  227     70      3.2   3.21|   -.85    .08 |  .32 -5.5    .32 -5.6| 1.83 |  .37   .38 | 10 10               |
|  218     70      3.1   3.08|   -.91    .08 | 1.13   .7   1.13   .8|  .50 |  .21   .38 | 5 5                  |
|  196     70      2.8   2.77|  -1.07    .09 | 1.04   .2   1.01   .1| 1.30 |  .41   .37 | 12 12               |
|---------------------------------------------------------------------------------------------|
|  471.4   70.0    6.7   6.74|    .76    .10 | 1.01  -.5    .98  -.6|      |  .36       | Mean (Count: 12)    |
|  190.6     .0    2.7   2.75|   1.43    .05 |  .53  3.1    .50  3.0|      |  .18       | S.D. (Population)   |
|  199.1     .0    2.8   2.87|   1.49    .05 |  .55  3.2    .52  3.2|      |  .18       | S.D. (Sample)       |
+---------------------------------------------------------------------------------------------+
Model, Populn: RMSE .11  Adj (True) S.D. 1.43  Separation 12.77  Strata 17.36  Reliability .99
Model, Sample: RMSE .11  Adj (True) S.D. 1.49  Separation 13.34  Strata 18.12  Reliability .99
Model, Fixed (all same) chi-square: 1661.3  d.f.: 11  significance (probability): .00
Model,  Random (normal) chi-square: 10.9  d.f.: 10  significance (probability): .37
```

附录四　评分员层面结果总表

——FACETS软件计算结果之三

oral test 2011-3-25 16:06:47
le 7.2.1 RATERS Measurement Report (arranged by mN).

Total Score	Total Count	Obsvd Average	Fair-M Avrage	Measure	Model S.E.	Infit MnSq	ZStd	Outfit MnSq	ZStd	Estim. Discrm	Correlation PtMea	PtExp	Exact Obs %	Agree. Exp %	Nu RATERS
67	12	5.6	5.69	.59	.21	1.02	.1	1.05	.2	.77	.89	.90	29.6	20.8	21 25
68	12	5.7	5.81	.55	.21	1.01	.1	2.25	2.3	.65	.83	.90	33.6	21.2	66 78
69	12	5.8	5.92	.51	.21	.71	-.6	.72	-.5	1.28	.94	.90	38.0	21.7	10 10
69	12	5.8	5.92	.51	.21	1.14	.4	1.03	.2	1.01	.87	.90	31.0	21.7	68 80
70	12	5.8	6.04	.46	.21	.52	-1.2	.51	-1.3	1.49	.92	.90	33.7	22.1	2 2
70	12	5.8	6.04	.46	.21	.97	.0	.82	-.3	1.43	.90	.90	39.4	22.1	53 64
72	12	6.0	6.27	.38	.21	.44	-1.5	.49	-1.3	1.54	.91	.89	34.9	22.8	8 8
72	12	6.0	6.27	.38	.21	.70	-.6	.67	-.7	1.16	.89	.89	33.3	22.8	59 71
73	12	6.1	6.38	.34	.21	2.71	2.9	2.23	2.3	-.76	.80	.89	25.6	23.2	1 1
73	12	6.1	6.38	.34	.21	.55	-1.1	.58	-1.0	1.34	.92	.89	35.1	23.2	7 7
73	12	6.1	6.38	.34	.21	1.45	1.0	1.44	1.0	.63	.86	.89	40.0	23.2	30 38
73	12	6.1	6.38	.34	.21	1.00	.1	2.58	2.7	.18	.80	.89	35.5	23.2	32 41
74	12	6.2	6.50	.29	.21	.59	-1.0	.62	-.9	1.40	.90	.89	34.7	23.5	15 18
74	12	6.2	6.50	.29	.21	1.16	.4	1.09	.3	.88	.90	.89	40.9	23.5	34 43
74	12	6.2	6.50	.29	.21	.54	-1.1	.50	-1.3	1.47	.93	.89	35.7	23.5	45 56
74	12	6.2	6.50	.29	.21	1.35	.8	1.21	.6	.90	.86	.89	31.3	23.5	56 68
74	12	6.2	6.50	.29	.21	1.54	1.2	1.26	.7	.58	.85	.89	36.0	23.5	64 76
75	12	6.3	6.61	.25	.21	1.93	1.1	1.51	1.1	.49	.83	.89	43.6	23.8	35 44
75	12	6.3	6.61	.25	.21	.93	.0	.86	-.1	.98	.88	.89	35.6	23.8	39 49
75	12	6.3	6.61	.25	.21	1.57	1.2	1.63	1.3	.60	.82	.89	37.8	23.8	49 60
75	12	6.3	6.61	.25	.21	.93	.0	.85	-.2	1.22	.89	.89	38.9	23.8	69 81
76	12	6.3	6.73	.21	.21	.42	-1.6	.39	-1.7	1.45	.95	.88	41.8	24.1	13 15
77	12	6.4	6.85	.17	.21	.95	.0	2.88	3.0	.38	.80	.88	29.3	24.3	61 73
78	12	6.5	6.97	.12	.21	3.11	3.3	2.57	2.6	-.78	.68	.88	37.6	24.5	6 6
78	12	6.5	6.97	.12	.21	.52	-1.2	.54	-1.1	1.40	.90	.88	41.3	24.5	9 9
79	12	6.6	7.09	.08	.21	.70	-.6	.59	-.9	1.25	.91	.88	42.8	24.7	5 5
79	12	6.6	7.09	.08	.21	.97	.0	.82	-.2	1.16	.88	.88	38.9	24.7	37 47
80	12	6.7	7.20	.04	.21	1.18	.5	1.12	.4	.80	.87	.88	30.0	24.8	42 53
81	12	6.8	7.32	.00	.21	1.08	.3	1.05	.2	.98	.88	.87	29.1	25.0	44 55
81	12	6.8	7.32	.00	.21	.89	-.1	.81	-.2	1.25	.88	.87	37.1	25.0	46 57
81	12	6.8	7.32	.00	.21	.93	.0	.83	-.2	1.09	.87	.87	37.1	25.0	62 74
82	12	6.8	7.44	-.05	.21	.72	-.5	.98	.0	1.01	.88	.87	38.2	25.0	3 3
82	12	6.8	7.44	-.05	.21	.41	-1.5	.46	-1.3	1.60	.92	.87	44.8	25.0	17 20

Total Score	Total Count	Obsvd Average	Fair-M Avrage	Measure	Model S.E.	Infit MnSq	Infit ZStd	Outfit MnSq	Outfit ZStd	Estim. Discrm	Correlation PtMea	PtExp	Exact Agree. Obs %	Exp %	Nu RATERS
82	12	6.8	7.44	-.05	.21	.41	-1.5	.46	-1.3	1.60	.92	.87	44.8	25.0	17 20
82	12	6.8	7.44	-.05	.21	.34	-1.9	.35	-1.8	1.51	.92	.87	47.7	25.0	19 23
82	12	6.8	7.44	-.05	.21	.75	-.4	.64	-.7	1.37	.89	.87	44.9	25.0	36 46
82	12	6.8	7.44	-.05	.21	.71	-.5	.68	-.6	1.30	.89	.87	41.8	25.0	40 51
82	12	6.8	7.44	-.05	.21	.59	-.9	.49	-1.2	1.50	.90	.87	44.2	25.0	54 66
82	12	6.8	7.44	-.05	.21	1.86	1.7	1.62	1.3	.54	.81	.87	30.8	25.0	70 82
83	12	6.9	7.56	-.09	.21	.31	-2.0	.32	-1.9	1.55	.92	.87	46.3	25.1	25 33
83	12	6.9	7.56	-.09	.21	1.05	.2	.90	.0	.91	.86	.87	32.4	25.1	63 75
83	12	6.9	7.56	-.09	.21	.52	-1.1	.49	-1.2	1.50	.91	.87	46.1	25.1	65 77
83	12	6.9	7.56	-.09	.21	2.74	2.8	2.08	1.9	-.23	.73	.87	40.1	25.1	67 79
84	12	7.0	7.68	-.14	.21	.55	-1.0	.47	-1.3	1.35	.92	.86	39.5	25.1	28 36
84	12	7.0	7.68	-.14	.21	.88	-.1	.83	-.2	1.06	.87	.86	42.5	25.1	47 58
84	12	7.0	7.68	-.14	.21	.78	-.3	1.13	.4	1.17	.87	.86	41.4	25.1	50 61
85	12	7.1	7.80	-.18	.21	2.48	2.5	1.83	1.6	-.20	.75	.86	37.6	25.1	16 19
85	12	7.1	7.80	-.18	.21	.75	-.4	.93	.0	.99	.84	.86	35.5	25.1	26 34
85	12	7.1	7.80	-.18	.21	.88	-.1	.66	-.7	1.41	.86	.86	43.6	25.1	51 62
86	12	7.2	7.91	-.22	.21	2.00	1.9	1.60	1.2	.41	.80	.86	37.7	25.1	4 4
86	12	7.2	7.91	-.22	.21	.42	-1.5	.42	-1.5	1.35	.91	.86	41.8	25.1	11 11
86	12	7.2	7.91	-.22	.21	.42	-1.5	.47	-1.3	1.30	.89	.86	44.2	25.1	22 26
86	12	7.2	7.91	-.22	.21	.80	-.3	.68	-.6	1.17	.87	.86	39.0	25.1	31 39
86	12	7.2	7.91	-.22	.21	.61	-.8	.61	-.8	1.19	.88	.86	38.0	25.1	38 48
86	12	7.2	7.91	-.22	.21	.57	-1.0	.53	-1.0	1.39	.89	.86	40.6	25.1	43 54
86	12	7.2	7.91	-.22	.21	.55	-1.0	.49	-1.2	1.34	.88	.86	42.4	25.1	48 59
86	12	7.2	7.91	-.22	.21	1.01	.1	.94	.0	1.00	.85	.86	40.8	25.1	55 67
86	12	7.2	7.91	-.22	.21	1.06	.2	.94	.0	1.26	.86	.86	39.6	25.1	57 69
87	12	7.3	8.03	-.27	.21	1.21	.5	1.06	.2	.95	.83	.86	35.6	25.0	12 14
87	12	7.3	8.03	-.27	.21	1.15	.4	1.18	.5	.82	.80	.86	29.5	25.0	14 16
87	12	7.3	8.03	-.27	.21	.37	-1.7	.41	-1.5	1.33	.91	.86	38.9	25.0	29 37
87	12	7.3	8.03	-.27	.21	.96	.0	.95	.0	1.00	.87	.86	37.9	25.0	33 42
87	12	7.3	8.03	-.27	.21	.18	-2.7	.29	-2.0	1.53	.95	.86	34.8	25.0	41 52
88	12	7.3	8.14	-.31	.21	.80	-.3	.93	.0	1.25	.87	.85	41.2	24.9	18 22
88	12	7.3	8.14	-.31	.21	.93	.0	1.53	1.1	.63	.88	.85	30.1	24.9	27 35
89	12	7.4	8.25	-.36	.21	.47	-1.3	.59	-.8	1.52	.90	.85	41.7	24.8	24 30
91	12	7.6	8.47	-.45	.21	.69	-.6	.65	-.7	1.27	.86	.84	38.4	24.4	23 27
92	12	7.7	8.58	-.49	.21	1.32	.7	1.01	.1	.85	.80	.84	35.3	24.2	20 24
92	12	7.7	8.58	-.49	.21	1.23	.6	1.30	.7	.65	.76	.84	27.9	24.2	60 72
93	12	7.8	8.68	-.54	.22	1.13	.4	.89	.0	1.08	.80	.83	39.6	23.9	52 63
93	12	7.8	8.68	-.54	.22	1.13	.4	1.01	.1	1.17	.82	.83	36.7	23.9	58 70

Total Score	Total Count	Obsvd Average	Fair-M Avrage	Measure	Model S.E.	Infit MnSq	Infit ZStd	Outfit MnSq	Outfit ZStd	Estim. Discrm	Correlation PtMea	PtExp	Exact Agree. Obs %	Exp %	Nu RATERS
80.8	12.0	6.7	7.30	.00	.21	.98	-.1	.98	-.1		.87				Mean (Count: 70)
6.6	.0	.6	.77	.29	.00	.58	1.2	.57	1.2		.05				S.D. (Population)
6.7	.0	.6	.78	.29	.00	.58	1.2	.57	1.2		.05				S.D. (Sample)

Model, Populn: RMSE .21 Adj (True) S.D. .20 Separation .94 Strata 1.58 Reliability (not inter-rater) .47
Model, Sample: RMSE .21 Adj (True) S.D. .20 Separation .95 Strata 1.60 Reliability (not inter-rater) .48
Model, Fixed (all same) chi-square: 131.3 d.f.: 69 significance (probability): .00
Model, Random (normal) chi-square: 45.9 d.f.: 68 significance (probability): .98
Inter-Rater agreement opportunities: 28980 Exact agreements: 10922 = 37.7% Expected: 7034.4 = 24.3%

附录五　评分员评分差异指数

——严厉度效度检验结果

评分员编号	评分质量指数	评分数量	严厉度值	严厉度绝对值
1	1.44	86	0.34	0.34
2	1.14	124	0.46	0.46
3	1.26	124	-0.05	0.05
4	1.28	86	-0.22	0.22
5	1.45	122	0.7	0.7
6	0.92	91	0.12	0.12
7	1.20	86	0.34	0.34
8	0.72	91	0.38	0.38
9	1.09	89	0.12	0.12
10	1.22	87	0.51	0.51
11	1.22	79	-0.22	0.22
14	1.57	85	-0.27	0.27
15	0.86	91	0.21	0.21
16	1.22	90	-0.27	0.27
18	1	86	0.29	0.29
19	1.19	85	-0.18	0.18
20	0.57	88	-0.05	0.05
22	0.94	87	-0.31	0.31
23	1.01	90	-0.05	0.05
24	0.97	84	-0.49	0.49
25	1.82	87	0.59	0.59
26	1.18	87	-0.22	0.22

评分员编号	评分质量指数	评分数量	严厉度值	严厉度绝对值
27	1.36	87	-0.45	0.45
30	1.79	87	-0.36	0.36
33	0.78	88	-0.09	0.09
34	0.82	86	-0.18	0.18
35	0.98	91	-0.31	0.31
36	0.67	85	-0.14	0.14
37	2.03	86	-0.27	0.27
38	1.40	89	0.34	0.34
39	1.32	87	-0.22	0.22
41	1	91	0.34	0.34
42	1.49	86	-0.27	0.27
43	1.67	85	0.29	0.29
44	1.19	91	0.25	0.25
46	1.72	87	-0.05	0.05
47	1.62	86	0.08	0.08
48	1.07	88	-0.22	0.22
49	1.07	85	0.25	0.25
51	0.83	87	-0.05	0.05
52	0.77	90	-0.27	0.27
53	1.4	84	0.04	0.04
54	0.51	87	-0.22	0.22
55	1.01	87	0	0
56	0.75	87	0.29	0.29
57	0.78	89	0	0
58	1.03	122	-0.14	0.14
59	0.64	123	-0.22	0.22
60	0.92	86	0.25	0.25
61	0.78	86	-0.14	0.14
62	1.01	86	-0.18	0.18

评分员编号	评分质量指数	评分数量	严厉度值	严厉度绝对值
63	1.27	85	-0.54	0.54
64	1.04	86	0.46	0.46
66	2.15	89	-0.05	0.05
67	0.95	87	-0.22	0.22
68	2.12	79	0.29	0.29
69	0.69	91	-0.22	0.22
70	1.61	86	-0.54	0.54
71	0.89	85	0.38	0.38
72	1.36	90	-0.49	0.49
73	1.27	87	0.17	0.17
74	0.76	86	0	0
75	0.71	85	-0.09	0.09
76	0.82	88	0.29	0.29
77	0.79	84	-0.09	0.09
78	0.84	90	0.55	0.55
79	0.89	84	-0.09	0.09
80	1.65	87	0.51	0.51
81	1.15	87	0.25	0.25
82	1.72	87	-0.05	0.05

附录六　调查问卷

各位评分员：

　　欢迎参加本次调查，请您结束所有的口试评分后填写本问卷，并和其他评分材料一并交回。调查结果不会作为评价评分员的依据。

　　在实际评分过程中，以下这些因素对于评分员评分的影响程度不同。请根据您的实际评分经验，在相应的括号里画"√"，每项只能画一个"√"。如果您认为还有其他因素会影响您的评分，请列举出来。谢谢您的参与！

　　评分员编号＿＿＿＿＿＿＿

		非常重要	比较重要	不太重要	不重要
1	语音语调准确程度	（　）	（　）	（　）	（　）
2	语法正确程度	（　）	（　）	（　）	（　）
3	句式丰富程度	（　）	（　）	（　）	（　）
4	词汇准确程度	（　）	（　）	（　）	（　）
5	词汇丰富程度	（　）	（　）	（　）	（　）
6	结构完整程度	（　）	（　）	（　）	（　）
7	话语连贯程度	（　）	（　）	（　）	（　）
8	内容扣题程度	（　）	（　）	（　）	（　）
9	内容丰富程度	（　）	（　）	（　）	（　）
10	表达流利程度	（　）	（　）	（　）	（　）
11	表达得体程度	（　）	（　）	（　）	（　）
12	话语长度	（　）	（　）	（　）	（　）
13	交际策略	（　）	（　）	（　）	（　）

其他：

非常重要	比较重要	不太重要	不重要
（　）	（　）	（　）	（　）
（　）	（　）	（　）	（　）
（　）	（　）	（　）	（　）

研发部

附录七　凝聚状态表

——等级聚类结果之一

Agglomeration Schedule

Stage	Cluster Combined Cluster 1	Cluster 2	Coefficients	Stage Cluster First Appears Cluster 1	Cluster 2	Next Stage
1	56	75	1.000	0	0	13
2	25	72	1.000	0	0	17
3	57	71	1.000	0	0	12
4	24	37	1.000	0	0	14
5	17	33	1.000	0	0	15
6	43	74	2.000	0	0	23
7	44	69	2.000	0	0	31
8	63	64	2.000	0	0	29
9	16	62	2.000	0	0	20
10	1	61	2.000	0	0	12
11	3	27	2.000	0	0	28
12	1	57	2.500	10	3	21
13	41	56	2.500	0	1	19
14	24	47	2.500	4	0	20
15	4	17	2.500	0	5	18
16	34	76	3.000	0	0	34
17	25	46	3.500	2	0	34
18	4	77	3.667	15	0	47
19	29	41	3.667	0	13	36

	Cluster Combined		Coefficients	Stage Cluster First Appears		Next Stage
20	16	24	3.667	9	14	42
21	1	53	3.750	12	0	30
22	51	82	4.000	0	0	68
23	43	81	4.000	6	0	35
24	79	80	4.000	0	0	37
25	48	78	4.000	0	0	49
26	9	73	4.000	0	0	41
27	5	70	4.000	0	0	38
28	3	67	4.000	11	0	32
29	39	63	4.000	0	8	58
30	1	49	4.000	21	0	46
31	23	44	4.000	0	7	44
32	3	35	4.000	28	0	55
33	18	32	4.000	0	0	40
34	25	34	4.500	17	16	46
35	20	43	4.667	0	23	43
36	29	66	4.750	19	0	47
37	26	79	5.000	0	24	53
38	5	54	5.000	27	0	44
39	21	52	5.000	0	0	54
40	18	36	5.000	33	0	45
41	9	22	5.000	26	0	50
42	16	30	5.200	20	0	54
43	20	68	5.500	35	0	51
44	5	23	5.556	38	31	55
45	18	31	5.667	40	0	57
46	1	25	5.867	30	34	50
47	4	29	5.950	18	36	51

	Cluster Combined		Coefficients	Stage Cluster First Appears		Next Stage
48	42	60	6.000	0	0	58
49	8	48	6.000	0	25	61
50	1	9	6.212	46	41	52
51	4	20	6.333	47	43	57
52	1	58	6.643	50	0	62
53	26	55	6.667	37	0	61
54	16	21	6.667	42	39	59
55	3	5	6.667	32	44	59
56	6	59	7.000	0	0	66
57	4	18	7.250	51	45	60
58	39	42	7.333	29	48	62
59	3	16	7.425	55	54	65
60	4	15	7.667	57	0	63
61	8	26	7.833	49	53	67
62	1	39	8.573	52	58	64
63	4	7	8.737	60	0	65
64	1	38	8.950	62	0	68
65	3	4	9.361	59	63	67
66	2	6	9.500	0	56	71
67	3	8	9.966	65	61	69
68	1	51	10.476	64	22	70
69	3	14	11.022	67	0	70
70	1	3	11.726	68	69	72
71	2	19	14.667	66	0	73
72	1	10	16.667	70	0	73
73	1	2	17.293	72	71	74
74	1	11	20.216	73	0	0

〔24〕陈国鹏：《心理测验与常用量表》，上海科学普及出版社，2005年版。

〔25〕陈纪梁：《试论交际语言测试的理论模式及主要特征》，《四川外语学院学报》，2001年第4期。

〔26〕陈菊咏：《评分员间信度LONGFORD方法计算和实验研究》，北京语言大学硕士学位论文，2003年。

〔27〕陈茜：《国家级普通话水平评分员队伍的培训与发展——第37—43期国家级普通话水平评分员资格考核培训班学员情况分析与思考》，《语言文字应用》，2007年第4期。

〔28〕陈亚琴：《性别在英语口语测试中的影响》，湖南大学硕士学位论文，2006年。

〔29〕程相伟：《普通话测试员评分误差原因及对策初探》，《洛阳师范学院学报》，2002年第4期。

〔30〕赤峰学院普通话水平培训测试工作站：《测试员考核及奖惩细则》http://www.cfxy.cn/ 2010年12月。

〔31〕〔瑞〕德·索绪尔：《普通话语言学教程》，商务印书馆，1980年版。

〔32〕广西壮族自治区语委办公室：《广西壮族自治区普通话水平测试员管理办法（试行）》，2010年12月。http://www2.gxtc.edu.cn/yywzw/csgl/200705/24793.html.

〔33〕桂诗春、宁春岩：《语言学方法论》，外语教学与研究出版社，1997年版。

〔34〕郭秀艳：《实验心理学》，人民教育出版社，2004版。

〔35〕河北省语委：《河北省实施〈普通话水平测试管理规定〉办法》，2010年12月。www.yywz.hee.cn/atm/7/20090715155439383.doc.

〔36〕何剑丽：《论普通话水平测试员的专业培养与指导》，《河西学院学报》，2006年第3期。

〔37〕姜懿伟：《高等院校高级管理人员绩效考评研究》，华中科技大学硕士学位论文，2006年。

〔38〕姜雨：《多侧面Rasch模式在英语写作测试中的应用——基于大连理工大学的

实证研究》，大连理工大学硕士毕业论文，2007年。

[39] 李传益：《HSK（高等）作文考试分数调整——评分员残项调整模型的应用》，北京语言大学硕士学位论文，2007年。

[40] 李传益：《语言能力观对语言测试的影响》，《咸宁学院学报》，2009年第5期。

[41] 李传益：《主观考试信度的计算方法》，《考试周刊》，2009年第24期。

[42] 李明：《口语、书面语在普通话语言学中的几个问题》，《苏州大学学报》，1985年第2期。

[43] 李筱菊：《语言测试科学与艺术》，湖南教育出版社，1997年版。

[44] 李馨：《用Longford方法对HSK作文分数进行调整——Longford四种分数调整方法的比较研究》，北京语言大学硕士学位论文。

[45] 李中权、孙晓敏、张厚粲、张立松：《多面Rasch模型在主观题评分培训中的应用》，《中国考试》，2008年第1期。

[46] 刘春：《试论普通话水平测试评分差异及标准把握》，《徐州教育学院学报》2004年第1期。

[47] 刘建达：《话语填充测试方法的多层面Rasch模型分析》，《现代外语》，2005年第2期。

[48] 刘建达：《做事测试信度和效度的Rasch模型分析》，《外语艺术教育研究》，2007年12月第4期。

[49] 刘照雄：《〈普通话水平测试大纲〉的编制和修订》，《语言文字应用》，1997年第3期。

[50] 庐恩玲：《基于多面Rasch模型的HSK（高等）口语考试评分框架研究》，北京语言大学硕士学位论文，2010年。

[51] 罗丹：《HSK（高等）作文评分差异考察》，《世界汉语教学》，2006年汉语水平考试研究专号。

[52] 罗丹：《多面Rasch模型在HSK（中级）口语评分检验中的应用》，北京语言大学硕士学位论文，2008年。

［53］吕洪雁：《浅析测试员对普通话水平测试结果的影响》，《江汉大学学报（人文社会科学版）》，2002年第2期。

［54］吕继臣：《论高校人力资本的评估与定价》，《辽宁财专学报》，2003年第1期。

［55］马春燕：《用LONGFORD方法对主观评分中的异常分数进行分数调整》，北京语言大学硕士学位论文。

［56］马圣霞、魏桂英、刘利波：《海南省普通话评分员队伍建设和管理刍议》，《琼州大学学报》，2006年6月。

［57］苗庆红：《职业校长人力资本定价研究》，《教育发展研究》，2006年第16期。

［58］南通航运职业技术学院测试站：《普通话测试员考核办法》，2010年12月。www.ntsc.edu.cn.

［59］聂丹：《汉语水平考试（HSK）写作评分标准发展概述》，《云南师范大学学报（对外汉语教学与研究版）》，2009年第6期。

［60］彭昌柳：《口语和书面语的差异》，《广西教育学院学报》，2007年第4期。

［61］钱华：《普通话水平测试员培养模式初探》，《广西社会科学》，2004年第2期。

［62］钱华：《普通话水平评分员综合考核指标体系构建研究》，国家语言文字工作委员会普通话培训测试中心编，《第二届全国普通话水平测试学术研讨会论文集》，商务印书馆2006年版。

［63］饶清翠：《高校普通话水平测试科学管理之我见——以大理学院为例》，《大理学院学报》，2004年第4期。

［64］单虹、王颐嘉、乔丽华：《普通话水平测试评分细则研究》，《语言文字应用》2008年第1期。

［65］邵铁柱、初田辉：《模糊综合评价在人力资本价值计量中的应用》，《哈尔滨理工学报》，2002年第1期。

［66］申莲：《普通话测试中测试员引起的测试误差成因分析及对策》，《和田师范专科学校学报》（汉文综合版）》，2006年第6期。

［67］石志亮、韩宝成：《多面Rasch模型分析软件Facets在英语测试中的应用》，《中

国英语教育》，2009年第2期，第7页。

[68] 宋欣桥：《普通话水平测试评分中的几个问题》，《语言文字应用》1997年第3期。

[69] 宋欣桥编：《普通话水平测试员实用手册（增订本）》，商务印书馆，2004年版。

[70] 宋欣桥：《初议普通话水平测试员的基本素质与专业资格——兼析国家级测试员培训班学员问卷调查》，国家语言文字工作委员会普通话培训测试中心编，《第二届全国普通话水平测试学术研讨会论文集》，商务印书馆，2006年版。

[71] 孙晓敏、张厚粲：《国家公务员结构化面试中评委偏差的IRT分析》，《心理学报》，2006年第38期。

[72] 孙晓敏、薛刚：《多面Rasch模型在结构化面试中的应用》，《心理学报》，2008年第9期。

[73] 孙修章：《"普通话水平测试标准"研制与实践》，《语言文字应用》，1992年第1期。

[74] 谭智：《应用Rasch模型分析英语写作评分行为》，《外语教学理论与实践》，2008年第1期。

[75] 田清源：《主观评分中多面Rasch模型的应用》，《心理学探新》，2006年第1期。

[76] 田清源：《HSK主观考试评分的Rasch实验分析》，《心理学探新》，2007年第1期。

[77] 涂冬波、漆书青、戴海琦、蔡艳、丁树良：《教育考试中的认知诊断评估》，《考试研究》，2008年第4期。

[78] 屠国平：《普通话水平测试员培养规格与培养模式思考》，《绍兴文理学院学报》，2003年第4期。

[79] 汪顺玉、吴世银：《评分员信度的多系列相关分析方法原理及运用》，《重庆邮电学院学报（教育科学版）》，2006年第6期。

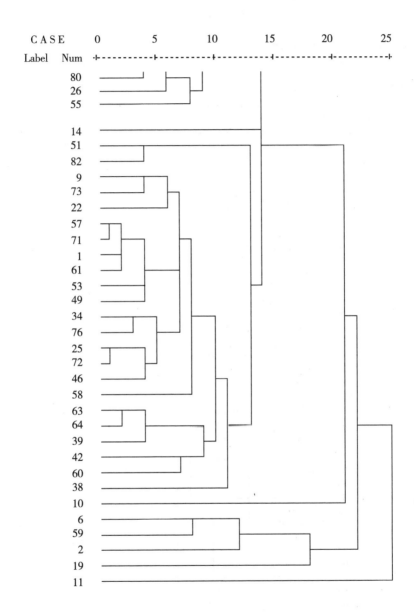

附录八　聚类谱系图

Dendrogram using Average Linkage (Between Groups)

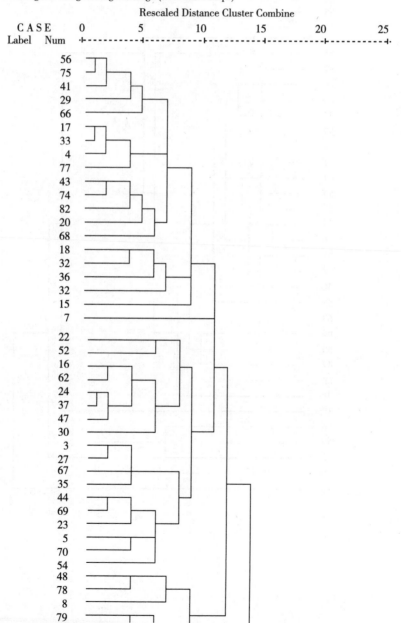

致　谢

　　回首在研究生院求学生涯，我的心中充满着留恋和感激。这一路走来，我得到了很多人的关心和帮助。

　　衷心感谢恩师姚喜双教授对我的培养和教诲。本论文从选题到定稿，自始至终得到了姚老师的悉心指导和帮助。刚刚入学时，姚老师就督促我选定自己的研究领域，后来还为我联系了在测试机构观摩学习的机会。在此期间，我收集整理了关于普通话水平测试员研究的文献，撰写了系列读书报告，这些资料成为我后来撰写论文的基础。当我在写作过程中，陷入论文的细节问题无法自拔时，姚老师对我悉心点拨、耐心开导，使我最终能够跳出窠臼、如期完成论文。求学期间，我深深感受到姚老师对事物的宏观把握和前瞻性思考，对我学术研究的影响是深远的，将使我终身受益。同时姚老师和蔼谦逊的为人、宽广坦荡的胸怀以及孜孜不倦的工作态度，老师的一言一行都在影响着我，为我今后的学习和工作树立了榜样。在论文完成之际，我谨向尊敬的导师致以诚挚的谢意和崇高的敬意，真诚地说一声：老师，谢谢您！

　　在课题研究和日常学习中，我得到了聂丹博士、韩玉华博士和孟晖博士等同门的大力支持，和她们的讨论交流让我在论文写作中少走了很多弯路。尤其是聂丹师姐，她不仅通读了我的论文，给我提了很多中肯的建议，而且在工作和生活中她一直在为我提供无私的帮助。一生当中能够遇到这样的朋友实属幸运，这份情谊，我会铭记于心。

　　感谢语言所、语用所和普通话水平测试中心的各位老师们。三年中，你们为我提供了最好的学习和研究环境。感谢靳光瑾老师、戴红亮老师、王晖老师在论文开题时给我提出的宝贵意见。感谢刘鹏建老师、孙海娜老师、陈茜老师接受我的咨询、为我提供普通话测试员培训和管理的资料。

感谢北京语言大学汉语水平考试中心的领导和各位老师，他们多方关照使我能全身心地投入到论文的研究工作中。感谢我的硕士导师张凯老师，是他把我领进了语言测试研究领域，教会我基本的理论和研究方法，感谢郭树军老师、黄理兵老师和王佶旻老师，他们在我论文选题、问卷调查和数据分析等方面都提供了无私的帮助。感谢我的硕士同门钱亮亮、赵琪凤、戴胜海、范珊珊、彭澍，谢谢你们的关心和支持。谢谢李姝雯小师妹，帮我整理数据和图表。

感谢首都师范大学的赵晴老师，北京语言大学汉语水平考试中心的李航老师、黄伟老师，他们为我提供了研究所需的相关数据。

我还要感谢我的家人，谢谢你们对我的宽容和鼓励，你们是我前进的动力和永远的港湾，谢谢你们！